「弩」怖い話ベストセレクション
薄葬

加藤 一

竹書房
怪談
文庫

目次

※本書に登場する人物名は、様々な事情を考慮してすべて仮名にしてあります。また、作中に登場する体験者の記憶と体験当時の世相を鑑み、極力当時の様相を再現するよう心がけています。現代においては若干耳慣れない言葉・表記が登場する場合がありますが、これらは差別・侮蔑を意図する考えに基づくものではありません。

4
言うなよ

大内が通っていた高校は、市街の山側にあった。

大内の自宅から、さほど遠くない。

遠くない、というのはバスや電車を乗り継ぐほどではないという程度で、それでも数キロの距離はあった。ただ、幼い頃から通い慣れた道を行くのに、自転車が要ると思ったことはない。

この高校の隣には小学校と中学校も建っていた。エスカレーター式の学校だった訳ではないが、たまたま中学の隣にある高校を進学先に選んだものだから、学校と名の付く場所に通うようになってから、通学路は一貫して同じだった。

とはいえ、同級生の全てが大内と同じ選択肢を選んだ訳ではない。

県外の学校に進学した奴、滑り止めに流れていった奴などなど、幼なじみの多くはそれぞれの進路に向けて散り散りになっていった。

大内が二年に上がったとき、森田美由紀という後輩が入学してきた。

美由紀は大内の中学校の、陸上部の後輩でもある。

残念なことに彼氏彼女という関係ではないのだが、何かとウマが合うのか大内になついてくる。大内のほうからすれば馬鹿話のできる女子ということで、妹分のような気軽さがあった。

遠方から通う同級生は、みな自転車や学校前のバス停から散っていってしまう。

同じ陸上部、そして帰り道も同じ方向。顔なじみの気安さと徒歩通学組の連帯感もあって、大内と美由紀は二人で一緒にのろのろと歩いて帰るというのが、その頃の毎日の習慣になっていた。


季節は冬。

遠くに霞んで見える山々は冠雪しているが、平野部に位置するこの街に雪が降ることは殆《ほとん》どない。一日が短くなること、乾いた冷たい風が吹くことで、冬を身体に感じることができる。

もっとも、陽が落ちるのが早くなるからといって、陸上の練習が早く終わる訳でもない。内輪の記録会か何かに備えた強化練習とやらに付き合わされた大内と美由紀が校門を出たのは、夕日が森の向こうに沈んで茜色の空が急激にくすんでいく頃だった。

美由紀の家は、大内の家に帰る途中にあった。

普段は馬鹿話に花を咲かせながら、というより、美由紀の話をあれこれと聞かされながら帰り道を行くのだが、この日は最近出たばかりの新刊を探しに少し離れた書店に寄り道をした。そのため、いつもよりやや遠回りになった。

書店を出た頃には辺りは真っ暗になっている。

「ここからだったら先輩の家のほうが近くないですか？」

「ああ、そうかも」

「今日は私が先輩を送っていきましょうか？」

「馬鹿」

ははは、と笑って歩き始めた。

慣れた街とはいえ、まさか美由紀に夜道を一人で歩かせる訳にもいかない。大内はいつもと違う道を辿って、美由紀を家まで送り届けることにした。


書店と美由紀の家との間には、大きな墓場が広がっていた。

その墓場は、人通りの多い道から続く上り坂の途中にあった。

ここを避けると少々遠回りになる。しかし、幾ら遅くなったからといって、陽が落ちた後の墓場の中を突っ切っていく訳にもいかない。

街灯が点々と続き、家路を急ぐ人がぽつりぽつりと坂の上の住宅街に向かって歩いていく。

墓場は薄気味悪かったが、美由紀の前で「墓が怖い」とも言えない。

「この辺、コンビニとかできりゃいいのにねぇ」

そうですね、という返事を期待して話しかけたのだが、返事がない。

並んで歩いていた美由紀を振り向いた。

美由紀の顔は真っ青だった。

地面を見つめ、黙り込んでいる。

「……どした？」

美由紀は大内の問いには答えなかった。

そのまま、黙って坂を上っていく。

「おい」

——何か気に障るようなこと言ったっけ？

寸前までの会話を脳内で再点検してみる。しかし、怒らせるような話題は一つも出なかったはずだ。

「おいってば」

美由紀には聞こえていない。

いや、聞こえない振りをしようとしている。

聞こえているのに、必死に無視しようとしている。

大内は小走りに美由紀の後を追った。

すると美由紀は、坂道を駆け上るように歩調を速めていく。

――たたたたた！

――だだだだだ！

陸上で鍛えた二人の健脚は、だらだらと続く坂道を瞬く間に上り切る。

墓場から数百メートルも離れた頃、ようやく美由紀は足を止めた。

鞄を抱きかかえ、はぁはぁと荒く息をつく。

「……何だってん」

だ、と言いかけたところで、美由紀は大内の言葉を遮った。

「先輩、どうともないんですか？」

「え？」

そりゃ、坂道ダッシュが楽とは言わないが、毎日やっている練習はもっとキツい。それを考えれば、改めてどうと言われるほど辛いものではない。

妙な行動を取った直後にしては、美由紀の質問は今更かつ当たり前過ぎるもののように思える。

「いや、別になんてことないけど」

美由紀はジッと大内を見つめている。

心なしか、じわじわと後ろに下がり、距離を取ろうとしているようにも見える。

「……先輩が大丈夫なら、いいです」

「いいって、どういう」

美由紀は再び歩き始めた。

隣に並びかけると、まるで大内から逃げるように歩調を速める。

それから美由紀の家に着くまでの間、二人は無言のまま歩き続けた。

美由紀は、自宅の門扉に黙ったまま手を掛けた。

大内には、美由紀の態度の意味するところがさっぱり分からない。

「じゃあ……」

一声掛ける。

美由紀はびくりとして動きを止め、恐る恐る振り向いた。

「また明日な」

玄関灯に照らされた美由紀の目は、大内に対して怯えているようだった。

翌日の昼休み。ごった返す購買前の混乱から抜け出したところで、美由紀に会った。

あれから何度考え直してみても美由紀が態度を変えた原因が分からない。美由紀を責めるつもりはないが、これまでの習慣が理由も分からないまま途絶えるのも厭だった。

「あのさ。オレ、昨日なんか気に障ること言った？」

美由紀はジッと押し黙っていたが、ちらちらと大内の背後を見ながら言った。

「あの……笑いませんか？」

「笑うって……」

「笑わないって約束して下さい！」

美由紀は真剣だった。

「分かった分かった。約束する」

大内が形ばかりの約束に同意すると、美由紀はぽつりぽつりと話し始めた。

「私、お墓嫌いなんですよ」

「オレだって好きじゃないよ」

「そうじゃなくて、お墓の近く通ると気分悪くなるんです。いっつも」

そういえば、これまでに学校から美由紀を送る帰り道、気分で道を変える、寄り道をすることがあっても、墓場の近くを通ったことは一度もない。

「だから、あのお墓の近くを通るのも厭だなあって思って。で、他の道行きましょうよって言おうと思ったんですけど、何かそれを切り出す前に、もう頭がぐらんぐらんしてきちゃって……」

途中から大内の話もよく聞こえてはいなかったらしい。

「それで先輩のほう見たんですけど……」

「けど？」

「先輩の腰に、女の人がしがみついてたんです」

美由紀は胴に腕を回す仕草をしてみせた。

女は血塗れだった。

衣服は千切れ、腰から下は肌が破れ肉が裂けて、足が形を留めていないほどズタズタに傷ついていている。その女は大内の腰に腕を回し、振り落とされないようにギュッと抱きついていた、と美由紀は言った。

「……はぁ？」

「私、その女の人と目が合って……というか、私のほうをジッと見てるんです。もの凄い目で私を睨んで……」

美由紀は真剣だった。

「で、私に言うんですよ。〈言うなよ〉って」

言葉が出なかった。

「だから、先輩が何を言っても答えられなかったんです。だって、ずっとその人〈言うなよ、言うなよ〉って……」

笑わないと約束はした。

が、こんなときに出るのは、やはり笑いしかない。

大内は無意識のうちに、嗤っていた。

「な、ははは……」

「約束したでしょ。笑わないで下さい！」

美由紀は、大内の乾いた嗤いをぴしゃりと切り捨てた。

「ごめん」

美由紀がなぜ大内の背中を気にしていたのか、やっとその理由が分かった。

しかし、まさかとは思うが〈それ〉はまだいるのだろうか。

恐る恐る訊いてみる。

「あの、今は……?」

「もういないみたいです。あのまま、うちに置いていかれたらどうしようかと思ったんですけど……先輩、腰に女の人付けたまま行っちゃったんで、それはそれで心配でしたけど」

振り向いてみる。しかし大内には何も分からない。

美由紀は、にっこり微笑んで言った。

「そういう訳で、昨日はすみませんでした。今日は、いつもの道で帰りましょうね」

Crew swing

ジョージはケベック州出身。

森と湖の国カナダ……の中でも、ケベックは早くからフランスの植民地として栄えた地域で、都市の殆どは南部に位置する。州の南はアメリカ国境と接し北は北極海に通じる。

言語はフランス語圏で、四季の気温の寒暖差は日本で言えば北海道に近い。

ジョージは、そういうことを日本に伝える国際交流員の一員として、カナダから日本にやってきた。

が、日本とカナダでは何もかもが違い過ぎた。

日本にやってきたジョージが、最初に驚いたのは夏の蒸し暑さ。

もっと驚いたのは物価の高さと家の狭さ。

国際交流員とは言っても、長期の滞在ともなれば日本の物価の高さは滞在費に直撃してくる。特に高いのが部屋の賃貸料である。

ジョージの住処は、日本のＮＧＯが彼の滞在費に負担が掛からないように、できるだけ一般的な日本人と変わらない生活を送れるところ、そしてなるべく安いところ、という条件に合わせて見つけてくれた。

それは、結構古いアパートの二階の角部屋だった。

「ニッポンノハウス、セマーイネー！」

カナダのコンパートメントに比べたら狭いだろう、というくらいは覚悟していたが、日本人向けに作られたトイレ付き風呂無しの２Ｋの安アパートは、百九十センチ近い長身のジョージには少々、というか、大分狭い。

それでも、それが厭になるということはない。

何しろ外《と》つ国《くに》での生活、あの小さい日本人達と同じ目線での暮らしである。日々是サプライズの連続は、好奇心に満ちあふれたジョージにとっても、大いに新鮮な刺激となっていた。

ヨースケ・ニシィムラという若者は、ジョージに部屋を世話したＮＧＯに社会勉強という名目で参加していた。

ヨースケと彼の数人の友人達は、ジョージに日本語を教える役目を担っている。その代わりにジョージから英語を学べばいい、というのがヨースケ達を駆り出したＮＧＯスタッフの弁なのだが、ジョージの出身地であるケベック州はフランス語圏である。南部はアメリカに近いこともあってジョージも一応は英語も大丈夫なのだが、双方が自分の母国語ではない怪しい英語を操りながら何とか意志の疎通を図っていた。

それでも簡単な日常語は、少しずつ覚えてきた。

「ディモ、ニポーンゴ、ムズカッスィー」

英語日本語混じりでの国際交流は、まずまずの滑り出しを見せていた、と言える。

国際交流というお堅い話はさておき、ヨースケ達はジョージのアパートに度々遊びにやってきた。畳敷き・風呂無しの和室でジョージがどんな暮らしをしているのか、ヨースケ達も興味津々といったところらしい。

ジョージはジョージで、日本での暮らしについて分からないことや知りたいことがあれば、毎日のように顔を出すヨースケ達に訊ねていたので、その辺りはフィフティ・フィフティだった。

ただ、長身のジョージがいるだけでも狭く感じられるせいなのか、ヨースケ達は遊びにやってきてもジョージの部屋に上がり込んで長居をする、ということはあまりなかった。

専ら、ジョージを部屋から誘い出して、近所のファミレスに連れていくことのほうが多かった。


そんなある日のこと。

ヨースケ達と別れ、銭湯でひと風呂浴びたジョージは、洗面器を片手に抱えて部屋に戻ってきた。あまり早い時間に銭湯に行くと好奇と注目の的になってしまうので、ヨースケ達に教えてもらった銭湯は、なるべく遅い時間に行くようにしていた。

この日はNGOの事務所に用事があったので、いつもより遅い時間になったが、顔見知りになっていた銭湯の主人は、ジョージがやってくるまで暖簾《のれん》を片付けずに待っていてくれた。

この気のいい老主人に礼を言って銭湯を後にしたときには、とうに零時を過ぎてしまっていた。

湯冷めしないようにと急ぎ足でアパートに戻る。

日本人は静寂を重んじるということは、来日してすぐに思い知った。このアパートのあるような住宅地では、夜は特に静かに過ごさなければいけないものらしい。階段を上る足音や、自分の部屋の中を歩く音にすら気を使うという不思議なマナーも、慣れてしまえばどうってことはない。

足音を忍ばせて二階の一番奥にある部屋に戻り、部屋の灯りを点けた。

英語放送のラジオを小さな音で流しながら、一日の終わりに滞在日記を書くのがこの部屋にきてからのジョージの習慣になっている。

もちろん、ラジオの音は小さめに絞っている。来日当初、ガンガンに鳴らしていたところ、隣の部屋に続く壁がドンドン叩かれ、猛烈な抗議を受けてしまったからだ。

夜を暗く、そして静寂に過ごす。そうした習慣は、カナダ人のジョージにとって、禅の心に通じるミステリアスなものに感じられた。

〈せっかく日本に来たのだから、日本流で行こう〉

ジョージは謙虚にそう考えて、この日本での夜をできるだけ静かに過ごすように心がけている。

しかし、どんなにラジオの音を小さく絞っても、僅かな音すら許してもらえない場合がある。隣の住人……恐らく日本人と思われる。よほど神経質なのか、それともそこまで気を使うのが日本式なのかはジョージには区別が付かないのだが、隣人はよく抗議の意を込めて壁を叩く。

一方で、壁を叩くだけではなく隣人自身が何事かを訴えているときもある。

日本語の話し声が聞こえてくるのである。

ジョージが日本のマナーに沿って静かにしているのに、当の日本人がカナダ人以上に騒ぎ立てるというのは、どうも腑《ふ》に落ちない。マナー違反をなじる権利はジョージにもあると言える。

特に、夜の二時を過ぎた頃から壁の向こうが騒がしくなり始める。

ドンドン、ドンドンと壁を叩く音。

Crew swing, Crew swing, turkey, turkey, tea turkey tea, mil iodine....

――と、ジョージには聞こえるのだが、何やら呪文のような話し声もする。

毛布を被っても、その話し声は大きくなるばかりで一向に止む気配がない。

仕方なく、ジョージも壁を叩いて抗議をする。

しかし、キリがない。そのうちに疲れたジョージが先に眠りに落ちてしまう。


毎日ではないのだが、数日に一度そういうことが起きるようになった。

〈困ったことがあれば、何でも相談に乗るよ〉

ジョージは、ヨースケの助言を思い出した。

「ジョージ、何か困ったことはあるかい？　May I help you?」

若いヨースケは、ハイスクールの休みの度にそう言ってやってくる。

これまでにとりたてて困ったことを相談したことはないのだが、今回ばかりは思い切って相談してみることにした。

「ヨースキ、ソウダン、ＯＫ？」

陽気なカナディアンであるジョージは、いつになく深刻な顔をした。ヨースケもこんなジョージを見るのは知り合ってから初めてだった。

「どうしたの?」

ジョージは、カタコトの日本語で説明を始めた。

「ヨースキ、コノヘヤ、very ウルサイ」

「うるさい?」

「ソウ。アー……ヨナカ、サワグ。トナリ。Neighbor is very noisy」

ヨースケ達にフランス語が全く通じないのは分かっているので、ジョージは英語と日本語とボディランゲージで話す。

「隣がうるさいんだね。どんな感じにうるさいの? music? talk?」

「オンガク、チガーウ。アー、ハナシ。talk」

どちらもが堪能でない言葉で話すので、会話はまるでパズルを解くような速度で、至ってもどかしい。

「隣の話し声かあ。お隣は日本人だっけ」

「ソウ。ニポーンジン。アッチノヘヤ、ヨナカ、ウルサイ」

そう言って、ジョージは西側の壁を指さし、拳で叩く振りをしてみせた。

「カベ、knock, knock」

「へー」と、頷《うなず》きかけたヨースケは、妙な顔をしている。

「ヨースキ？　What happen?」

「……あのさ。ジョージ、この部屋って角部屋だよね？　えーと、corner room?　あっちの壁の向こうに部屋はないよ」

指摘されて、ジョージもそれに気付いたらしい。

「オウ」

「何て言ってるの？」

「イミ、ワカラナーイ。キット、ニポーンゴ」

ジョージは、頻繁に聞かされているうちに覚えてしまった言葉を、何か神秘的な呪文を唱えるかのように暗唱してみせた。

「Crew swing, Crew swing, turkey, turkey, tea turkey tea, mil iodine」

確かに呪文のように聞こえる。

「水夫がゆらゆら、七面鳥……いや、トルコかな。……トルコ茶って何だ？」

よく分からないが、そう聞こえたと繰り返すジョージの言葉をヨースケは反芻《はんすう》した。

「くるーすぃんぐ、くるーすぃんぐ、たーきー、たーきー、てぃー、たーきー、てぃー、みる、よーど……」

何度か繰り返し呟いているうちに、ヨースケはハタと正答に辿り着いた。

〈苦しい、苦しい、助けて、助けて、助けてみろよ……ああ、なるほど〉

ピンときた。

ジョージは、なおも不思議そうな顔をして問題の壁を撫でさすっている。

問題の根本にはどうやら気付いていないらしい。

「あー、分かった。うん。ジョージ、塩あるかな。ソルト。Please give me, salt」

〈塩をくれって、どういう意味だろう?〉

ジョージはヨースケの質問の意味は分かったが、意図がよく分からなかった。

直前まで、隣人との騒音問題について話し合っていたはずなのだが、急に塩をくれとはどういうことだろう?

ヨースケも英語が堪能なほうではないはずだ。何か間違っているのではないか、と疑ったジョージは、もう一度訊き直した。

「salt?」

「そう、salt. それと小皿。小皿は何て言うんだろ。Please give me, salt & dish or saucer. 塩と小皿くらいあるよね」

ヨースケは、なかなか要領を得ないジョージを押しのけると、備え付けの小さなキッチンを覗き込んだ。適当なティー・ソーサーを見つけると、それにこんもりと食卓塩を盛り上げる。

ジョージは、ヨースケの不思議な行動に見とれていた。

この若者は一体何をしているんだろう？

「ヨースキ？」

ヨースケは塩を盛り上げた小皿を「うるさい壁」の下に置くと、壁に向かって〈パンパン〉と柏手《かしわで》を打った。

「ほら、ジョージも。Repeat after me」

促されて、ジョージも手を打った。

自分が何をさせられているのかも、よく分からない。何か、極東の呪詛や呪いの片棒を担がされているのだろうか？

「多分、これで静かになると思うよ。よかったね」

ジョージは眉間に皺《しわ》を寄せた。

日本では、これを〈狐につままれたような顔〉というらしい。

狐が眉間をつまむのだろうか？

ヨースケが帰った後から、壁を叩く音も謎の呪文もぱったりと聞こえなくなった。

ジョージは年若い友人の的確な対処にいたく感心し、そのことを滞在日記に記した。

〈日本では塩を盛って手を打つだけで、近隣の騒々しい住人を黙らせることができるらしい。日本には素晴らしい文化がある。ケベックに帰ったら友人達にこの習慣を是非とも広めたいと思う。この国際交流には大いに意義を感じる……〉

深く潜る

平沢優子の父の郷里である宮崎県高千穂町には、五ヶ瀬渓谷という景勝地がある。

十数万年前の阿蘇山の噴火によって流れ出た溶岩が、この辺りに帯状の皺を創り出した。その皺の隙間を抉るようにして流れる複雑な五ヶ瀬川のうち、上流の窓ノ瀬から下流の吐合間までの間辺りを指して五ヶ瀬渓谷と呼ぶ。

五ヶ瀬渓谷は、別名「高千穂峡」とも呼ばれる。むしろ、こちらの呼び名のほうが広く知られているかもしれない。谷間を流れる川の左右には、百メートルほどの高さの切り立った溶岩性の絶壁が立ちはだかっている。硬い溶岩に深く深く刻まれた溝のような奇景は日本の名勝にも選ばれた。

夏休みを、祖父母の家がある渓谷の町で過ごすのが、平沢家の夏のイベントだった。

「ウナギ食わねぇか」

鎌田のおいちゃんは、そう言って前歯の抜けた真っ黒い顔をくしゃくしゃにした。

祖父母の隣人である鎌田のおいちゃんは、地元でもとびきりのウナギ捕りの名人だ。

観光地として名が知られることの多い五ヶ瀬川は、淡水魚の豊富な川でもある。清流に棲む鮎、エノハ、カワムツ、オイカワなどの他に、この川には多数のウナギが棲み着いていた。

高千穂峡を左右から挟み込む絶壁は、ほぼ垂直に立っている。俎板《まないた》を突き立てたような岩盤は、百メートルの高さから十数メートルの深さまで続いているのだが、この岩盤の水中に没している部分には〈ウナギの巣〉が多数あった。特に、観光客がボートで往来する高千穂峡からもう少し下流に下った辺りが、絶好のポイントだった。

ウナギは狭い穴のような隙間を住処にすることで知られている。身を守るためなのか、狭い所が落ち着くのかは分からないが、身体が通り抜けられる程度の水中の穴蔵を出入りして餌を漁る。

普通、ウナギ漁と言えば「ぶっこみ釣り」「穴釣り」などの釣りか、「セル瓶」と呼ばれる筒状の仕掛けに練り餌を付けてウナギを捕る罠などがある。名人である鎌田のおいちゃんはウナギ捕りに様々な工夫をしている。ぶっこみもセル瓶の仕掛けにも精通していて、季節や天気、気温、水温、更にはウナギが活発に動く時間帯などを見越しては、様々な方法でウナギを捕った。

しかし、中でもおいちゃんが最も得意としていたのは、ウナギの掴み捕りだ。

「ウナギは水ん中で息を殺して隠れてやがんだ。こいつをな、サッと潜って、グッと掴んで捕る訳よ」

水面下に没している岩盤の隙間に、無数のウナギが棲んでいる……というのは、別に噂や伝説ではない。実際、シーズンともなれば鎌田のおいちゃんを始め、この土地の人々はウナギ漁をしている。何しろ、天然物だけあってその味も素晴らしい。

おいちゃんは、一度潜ると魚籠《びく》の中にウナギをたっぷり詰め込んでから上がってきた。普通、趣味の釣り人が釣り糸を垂れてのウナギ釣りをした場合、夜中から朝まで頑張って一匹掛かればいいほうだという。都会の太公望がおいちゃんの漁を聞いたら、きっと地団駄踏んで悔しがるだろう。

子供のない鎌田のおいちゃんは、都会からやってくる優子だけでなく近所に住む従兄弟達を殊の外可愛がっていた。地元の悪ガキ達には川漁のコツを教え、優子には泳ぎを教えてくれたりもした。水に顔も付けられなかった優子が、素潜りまでできるようになったのも、元はと言えば鎌田のおいちゃんの水練指導の賜物と言える。

おいちゃんは、子供達の憧れでもあったのだ。

盆の少し前くらいだろうか。

日暮れ時に、仕掛けと魚籠を担いだおいちゃんにばったり会った。

「優ちゃん達、今月いっぱいは婆さんちにいるんだろう。明日にでも捕れたてのウナギをごちそうしてやっから、楽しみにしてなよ」

そう言って出掛けていったきり、おいちゃんは朝になっても帰ってこなかった。

五ケ瀬川は深く夏でも冷たい。

だから、これまでにも水難事故がなかった訳ではない。

ただ、それは水面に落ちた観光客であったり、随分昔の若い漁師であって、ベテランは別格だと思っていた。

まさか。おいちゃんに限って。

おいちゃんの行方不明を聞かされた子供達は、一様にそう思った。

近所の大人達は声を掛け合って周囲の河原や林を探したが一向に見つからない。

「こりゃあ……やっぱり川の中を探したほうがよくないか」

——溺れたのかもしれない。

誰もが考えたくはなかった。

しかし、弘法も筆を誤り、猿も木から落ちる。

例外がないとは言えない。

昼過ぎくらいから、近くの川漁師と消防団が総出で川を探した。

下流から「いやあ、参った」とひょっこり顔を出すんじゃないかと、心の何処かで期待していたが、その期待が破れたのは午後遅くのことだ。

「おったぞ！」

川底から浮かび上がってきた消防団員が、河原に上がって交替で暖を取っていた仲間に叫んだ。

「何処だ！　何処におる！」

「川底だ！　一ノ瀬の下に沈んどる！」

おいちゃんの身体は浮いてはこなかった。

そして、〈沈んでいた〉わけでもなかった。

消防団員と数人の川漁師が装備を調えて降りたのは、辛うじて陽が届くかどうかといったくらい深い、川底に近いほどの場所だ。

ひび割れたひだのような水中の岩肌に沿って潜っていくと、岩盤の影からゆらゆらと大根のような白いものが川の流れに合わせて揺れていた。

それは足だった。

岩盤に空いた横穴から、足だけが突き出ていた。

おいちゃんは川底で溺れていた。

川底深くにあったウナギの巣穴に上半身を突っ込み、巣穴の奥に腕を伸ばしたそのままの姿勢で息を引き取っていた。

同僚の川漁師達は誰もが首を捻った。

おいちゃんは名人だ。

名人は誰よりも漁がうまいが、また誰よりも慎重だった。

口癖のように言ってもいた。

〈深いところはよう捕れる。でも危ない。わしは無理はせんごと決めとる〉

深いところを狙わず、確実で安全な浅いところのウナギを狙って、それであれだけのウナギを捕るからこその名人で、無謀な賭けに出るような男ではない。

「なぜ、鎌田はこんな深いところまで、しかもこんな横穴深くに入り込んだかの」

名人の傲《おご》りがなかったとは誰にも言えない。

しかし、理由を分かっているおいちゃんが、それに答えることは多分無理だった。

おいちゃんの身体は四人掛かりで引き上げられた。

穴の奥で何に引っかかっていたのかは分からない。が、一度ではなかなか身体を引き出すことができず、何度かに分けて少しずつ身体を動かした。

一昼夜水に浸かり続けて白くふやけた身体を岸辺に引き上げた頃には陽が落ちかけていた。

消防団員が、担ぎ上げたおいちゃんの身体をビニールシートの上にゴロリと転がす。

懐中電灯でおいちゃんの顔を照らした駐在が、驚いて声を上げた。

「何じゃあ、こりゃあ！」

おいちゃんの顔には目がなかった。

瞼もない。目玉はとうにない。

ふやけた顔の真ん中に、ぽっかりと眼窩《がんか》二つ分、窪んでいる。

「ウナギか蟹か知らんが……食われたんじゃろ」

おいちゃんの顔の皮膚は魚にさんざんつつき回されたのか、ずるずるに剥げていた。

食いちぎられた唇の端から、ぴちぴちと音がする。

「何じゃ？」

口を開かせてみると、口蓋の奥から川の水と一緒に何かが流れ出てきた。

小さめの川魚、沢蟹、ざりがに、田螺《たにし》のような生き物……。

五ヶ瀬川の川底に巣くっている水棲生物がゴソッと蠢《うごめ》いている。

小鼻が千切れた鼻の穴の奥から、耳たぶが千切れた耳の穴の奥から……。

穴という穴から、溢れ出てきた。


鎌田のおいちゃんが死んだことは、あまり大きなニュースにはされなかった。

高千穂町は、高千穂峡という観光地を間近に持ち、五ヶ瀬川に流れ込む真名井の滝を眺めるためにやってくる観光客を、町の大切な収入源としている。ホテルや宿、川魚料理の店も少なくはない。

溺れて魚に食われた漁師の話など、あまり話題にはしたくない。

町の誰もがそう思った。

それでも、川漁師は生活がある。漁をしない訳にはいかない。

ただ、同じような事故の再発を防ぐため、単独での漁は控えることになった。

岩盤に空いた巣穴のウナギを捕ることそのものを止めるということはない。

——ウナギを捕るときは必ず二〜三人で行くように。

誰か一人が、少しでも戻ってくるのが遅れたら、必ず他の者が助けに行く。万一に備えて、一言声を掛けてから行く。

組合長の提案を容れて、川漁師達はそのルールを守るようになった。

鎌田のおいちゃんの幽霊が出る。

その噂が何処から広まったのかは定かではないが、翌年の夏休みに平沢家が例年のバカンスに訪れたときには、優子の従兄弟達の間では定番の話題になっていた。

「それ、ほんと?」

去年の事故のとき、子供は引き上げたおいちゃんの様子を見せてはもらえなかった。

おいちゃんの最期についても、大人達の噂話でしか分からない。

だが、その大人達の口から、鎌田のおいちゃんを思わせる噂話が漏れている。

従兄弟達は、やってきた優子に真新しい噂話を聞かせた。

「あのな。鎌田のおいちゃんのユーレイが出るらしい。これ、マジだぜ」

——青葉大橋の先辺り、潜ったら川底から足が生えてた。

——泳いでたら、後ろから海パンを引っ張られる。

——ウナギの巣穴に腕を突っ込むと、奥まで入ってないのに手が閊《つか》える。穴を覗くと、目のない穴だらけの顔が、巣穴の中にみっちり詰まっている。

神橋のユキオさんが見た、消防団のカズヒロが見た……などなど、目撃者の名前も添えられて、話は小さい町の中にどんどん広まっているらしい。

「俺達、この夏は一ノ瀬に潜るのは止めてるんだ。大人もあそこだけは避けてるって。だから、優坊もやめとけよ。絶対だぞ」

一つ年上の従兄弟は、大まじめにそう言う。

優子は「うん」と小さく頷いた。


夏の遅い朝。

目覚めると、従兄弟達の姿がなかった。

「今日は登校日だからね。早起きして学校行ったよ」

祖母はそう言って笑った。

遊び相手の従兄弟達が帰ってくるまで待とうか。

そうも考えたが、蝉の声を聞いているうちにジッとしていられなくなった。

優子は水着に着替え、Tシャツに帽子を被って家を出た。

いつでも川で遊べるように、日射病にならないように。この町で過ごすときのユニフォームのようなものだ。

五ケ瀬川の両端に切り立つ崖の上には、県道を繋いで通る幾つもの大きな橋が架かっている。

アーチ橋の中程まで渡って橋の下を見下ろすと、遙か彼方に水たまりくらいにしか見えない、きらきら輝く青い筋が見える。五ヶ瀬川だ。

御橋のボート乗り場の近くまで歩いて、そこから遊歩道を行く。柵はあるが、ここから川沿いに降りることができた。

ボートを漕ぐ観光客を眺めながら進むうちに、少し開けた河原に出た。

見上げると、五ヶ瀬橋をまたぐ青葉大橋が、遙か上空に見える。

確か、この辺りのことを一ノ瀬と呼んでいたような気がする。

鎌田のおいちゃんが死んだところ。

一人で行ってはいけないところ。

禁忌であることは分かっている。しかし、そういう決まり事があれば、返って気になってしまう。子供とはそういうものだ。そして、優子もそんな子供だった。

この辺りについて、優子は全く知らない訳でもなかった。

鎌田のおいちゃんに連れられて、何度も素潜りの練習をしたことのある場所だ。

瀬の深さも流れも速さも知っている。

自分以上に、鎌田のおいちゃんはもっとこの場所に詳しかったはずだ。
なぜ、おいちゃんは溺れたんだろう。
優子は大きく息を吸い込むと、川面の下に身体を沈めた。
この辺りは、ウナギだけでなくその他の小魚も多い。
ちょっと手を出すだけで、すぐに魚籠を満たすことができた。
が、この日は何だか変だった。
群れて流れていく小魚の姿がない。メダカすらいないのは、どう考えても妙だ。
ひとしきり川の中を泳いだ優子は、息継ぎのため一度浮かび上がった。
夏の日差しが、澄んだ川の水を照らしている。
きらりと照り返す川面がピチッと跳ねた。
目を凝らすと、一際大きな魚影がゆらりと動いた。
鯉か、ナマズか、それともウナギか。
優子は、その〈大物〉に惹《ひ》かれた。
再び大きく息を吸い込み、魚影を追う。
水中を行く黒い影は、ゆったりと川底深く潜っていく。
水面から離れるにつれて、陽光の届く範囲は狭まった。

陽の届かない川底の暗さが、薄気味悪く感じられる。

耳が痛かった。

気付けば、もう六〜七メートルは潜っていた。

急に息苦しくなったような気がして、優子はゆっくりと水面を目指した。

水面まであと少しというところで、岩盤の横穴から何かが出たり入ったりしているのが目に付いた。

〈ウナギかな?〉

優子は川面でもう一度大きく息を吸い込むと、岩盤に取り付いた。

水中に没した岩盤に開いた横穴から、白く長いものが出ている。

ゆうら。ゆうらり。

動きもゆっくりしている。

優子は白いウナギに向けて右手を伸ばした。

と、それまで水流に身を任せるように揺れていたウナギは、急に大きくしなって優子の腕に巻き付いてきた。

いや、巻き付いたのではない。

優子の腕を〈掴んだ〉のだ。

それはウナギではなかった。

手だ。

岩盤から突き出た白い手は、優子の右腕をぐいっと掴んでいる。

振り解こうと、空いているほうの左腕で白い手と格闘を始めようとしたところで、今度は足の自由が奪われた。

見ると、岩盤の隙間からもう一本、白い手が突き出されている。

その手は、優子の足首をしっかりと握りしめている。

更にもう一本の腕が優子を背後から抱え上げた。

水中で羽交い締めにされているのだ。

息が苦しくなってきた。

白い手を振り払おうともがいたとき、岩盤が見えた。

それは、岩盤の横穴から飛び出していた。

何本も手、そして足。

鎌田のおいちゃん一人分ではない。

何人分もの手と足が、横穴を出たり入ったりしながら優子の身体を掴もうとしている。

幾つかの穴からは、パンパンに膨らんだ顔が飛び出していた。

その顔は、瞼も目玉も小鼻も唇もなかった。

優子はそこで意識を失った。


「おい！　しっかり、おい！」

大人の声がする。

咳き込み、水を吐いた。

「おお、気付いたか」

「こんバカチンが！　一人で潜ったらいかんって、聞いとらんかったか！」

優子は知らない大人に囲まれ、叱られていた。

心配そうな顔をした従兄弟が視界に入ったとき、涙が出た。

「タカ兄ちゃん！」

「お前、タカ坊が見つけんかったら死によったと。鎌田みたいに！」

遊びに行くと行って一人で出掛けた優子を、心配した従兄弟が捜しにきた。

そして、川底でもがいている優子を見つけたのだという。

「すぐ引き上げたから死なんで済んだ。タカ坊に感謝しろよ」

大人達にはこってり絞られ、祖父母が駆けつけ、父親に怒られ、母親には生きてて本当によかったと泣き出され……。

やっと解放されたのは、夜になってからのことだった。

家族と顔を合わせるのが厭で、気まずい夕餉《ゆうげ》の後は誰とも口を利かず濡れ縁で膝を抱えていた。

そこに、従兄弟がやってきた。

従兄弟の言いつけを破ったから罰が当たったのだ。

〈気まずいけど、お礼を言わなくちゃなあ〉

口籠もっていると、優子より先に従兄弟が口を開いた。

「優坊、お前……」

従兄弟は声を潜めた。

「お前、何か白いものに掴まれてたろ」

「タカ兄ちゃん、見えてたの？」

「やっぱり……大人に言ったんだけど、誰も信じてくれんかった。でも、見えたんだ。何かたくさん手みたいなのが出てきて、優坊を掴んでた」

夏休みを祖父母の家がある渓谷の町で過ごすのが、平沢家の夏のイベントだ。

今も、夏の盛りは五ヶ瀬川の傍の涼しい滝を眺めて過ごす。
ただし。あれ以来、あの川には潜っていない。

あんた誰だ

仕事の都合で引っ越しをした。

地方の支社に飛ばされて……といった理由ではないのだが、今抱えている仕事に専念するのには、これまで住んでいたアパートは遠過ぎる。

「今度の仕事は一年ほど掛かるから、近いところに越してきてくれ」

会社はいとも簡単にそう言った。

幸いにして、望月は身軽だった。

実家住まいではない。家族がいる訳でもない。

何かを貯め込んで荷物を増やすような趣味はない。

仕事がおもしろくて仕方がない、そういう時期でもあった。

強固に断る理由もなければ、余計なことに精力をつぎ込むのも惜しい。

望月はその業務命令に素直に従うことにした。

設計の仕事では、クライアントとの打ち合わせが多くなる。会社にも近く、なおかつ現場にも近いほうが何かと便利だ。

それを考慮して、部屋は会社が用意してくれた。

引っ越しの話はトントン拍子に進んだが、その間もずっと仕事に忙殺されていた。

前のアパートの自分の荷物をまとめておくのが精一杯で、引っ越しも全て業者任せ。

総務に貰った住所のメモを頼りに新居に初めて足を踏み入れたのは、泊まり込みの仕事が一段落ついた夕方近くのことだった。


新築でもなければ高級でもない、ごく普通のアパートだと聞かされていた。

どうせ、殆ど寝に帰るだけになる部屋だ。何か特別な期待を寄せるということもなかった。

バス通りの近くにある二階建てアパート。

階段を上り、部屋の号数を確かめる。まだ表札も付いていない。

〈やっぱ、一応表札くらいは付けないとマズイかな。……ああ、面倒くせえ!〉

安っぽいシリンダー錠に鍵を差し入れ、ドアを開ける。

線香の匂い。

仏間のような、老人の部屋に足を踏み入れたような、葬式のような。

ドアを開けたその瞬間、香の匂いが室内から溢れ出てきた。

「うわ……」

背筋の筋肉がこわばる。

今までに感じたことのない、例えようのない寒気が走る。

望月は設計の仕事をしている。

職業柄、これまでに厭な感じがする部屋、建物、土地に出くわしたことがなかった訳ではない。

が、これほどあからさまに予兆が感じられる部屋というものも初めてだ。

手探りで灯りを探した。

ドアを閉め、明かりに慣れた目で室内を見回す。

部屋はありふれた2Kだった。

申し訳程度の玄関。入ってすぐ左手に四畳半のキッチン。

キッチンと次の間は、磨りガラスのガラス戸で仕切るようになっている。

ガラス戸の向こうには、六畳間が二つ。これは続き間だ。

奥の部屋には押し入れがあるようなので、そちらを寝室にする。手前の部屋には、テーブルやテレビを置いて、形ばかりではあるがくつろぐ又は持ち帰った仕事をするための居室とすることにした。

初めて部屋に入るとき、何より間取りや部屋の作りに目が行ってしまうのは、職業上の癖というものだろう。ベテランというほどではないにせよ、そうした習慣が身体に染み付き始める程度には、今の仕事には馴染んできている。

引っ越し当日くらい、本当はゆっくりしたい。

どうせ殆ど帰らないし、一年ほどしか暮らさない部屋だ。隣近所に改めて挨拶をして回るような、田舎臭い真似も面倒だった。

それどころか、正直な話、荷物の整理をするのすら面倒だ。整理するほどの荷物は持ち込んでいないから、というのもある。

が、今はそれ以上に抱えている仕事のほうが優先だった。

望月は、会社から持ち帰った引きかけの図面をテーブルに広げた。


テーブルに向かっていた時間は三時間ほどだったろうか。

その間も線香の匂いが消えることはなかったし、夏の終わりくらいだというのに妙に薄ら寒い気配は消えなかった。しかし、〆切の近い仕事を抱える身では他のことを考えるだけのゆとりはない。厭な気分を忘れるためにも、望月はやりかけの仕事に没頭した。

それでも腹は減る。

時計を見ると、もう十一時半を回っている。

アパートの周囲には遅くまで開いている店はなかった。

もっとも、外に食べに出るほど余裕はない。適当にインスタントラーメンでも食べて、それが済んだらすぐにでも寝てしまいたい。

置きっぱなしの荷物の中に、軽く済ませられるものがあったはずだ。

「……湯でも沸かすか」

と、立ち上がってキッチンに向かおうとした瞬間、望月の身体は凍り付いた。

誰か、いる。

居室とキッチンを分けているガラス戸の向こうに、気配がある。

いや、人影がある。

磨りガラスに暗い影を落としているのは確かなのだが、それが誰なのかは分からない。

ガラス戸を開けるべきか。それとも、放っておくべきか。

躊躇《ちゅうちょ》した。

しかし、昼から何も食べていないのだ。この空腹には代えられない。

何より、今この部屋の家主は望月自身だ。

誰に遠慮することがあるだろう。

〈俺の部屋だぞ。俺の部屋なんだ……〉

自分に言い聞かせ、望月はガラス戸に手を掛けた。

気配は消えない。

――カラカラ……。

足下に、人間の足が見えた。

恐る恐る視線を上げていくと、長身の男が立っていた。

身長は一八〇センチくらいもある。

望月は激しく後悔した。

〈やめときゃよかった……〉

男は黒いコートを身に纏っていた。

この暑い季節にもかかわらず、だ。

望月を見下ろす視線が、何処かいびつだった。

眼窩からピンポン玉のようにはみ出した男の眼球は、視点が結ばれているのかどうかすら怪しいが、望月を凝視していることだけは間違いない。

目が怖い。あまりにも怖い。

望月は、視線の圧力に耐えきれず、目を逸らした。

男の顎の周囲が妙に赤黒い。

改めて視線を落としていくと、首をぐるりと取り巻くようにこびりついた夥《おびただ》しい量の血液が目に入った。コートは黒いのではない。吹き出した血に染まり、それが妙にこわばって茶色っぽく変色しているようだ。

そのとき、耳元でこう聞こえた。

『ここは俺の部屋なんだけど。アンタ、誰』

望月は、弾かれたようにガラス戸を閉じた。

確かに声がした。まるで、耳元に口を寄せて呻《うめ》いたような、そんな距離の近さだ。

ガラス戸の向こうには、まだ男の影がある。

あいつが何者かは分からない。人なのか、それ以外なのか。

ただ、明らかにそこにいたこと、そして今もそこにいることだけは確かだった。

打つ手がない。

この部屋に電話はまだ引いていないし、携帯も持っていなかった。

助けを呼ぶことすらできない。

大声を出して隣人を呼ぶ――そういう考えも脳裏をよぎった。

〈やっぱり引っ越しの挨拶くらい、しておくべきだったかな〉

今更悔やんでも後の祭りだ。

男の気配は未だ止まなかった。

ガラス戸を開ければ、まだそこに立っているのだろう。

だからといって、このまま寝込んでしまうことなどできない。

いつ、男がガラス戸を開けて入ってくるかも分からない。

奴はこう言っていた。

『ここは俺の部屋なんだけど』

家主は望月のはずだ。しかし、あの男にしてみれば、望月は自分の部屋に勝手に上がり込んだ闖入者《ちんにゅうしゃ》に過ぎないのだろう。

短い逡巡《しゅんじゅん》の後、望月は覚悟を決めた。

まだ殆ど梱包を解いていない引っ越し荷物は、そのままでいい。

やりかけていた図面を書類入れにしまい、製図用具や仕事道具の類と身の回りの品を手早くまとめ、部屋を出る支度をした。

深呼吸を一つしてガラス戸に手を掛け、恐る恐る引いた。

――カラカラ……。

男はそこにいる。

多分、あの飛び出した目玉で凝視されているのだろう。

望月は目を合わせないようわざと視線を逸らし、少し屈んで男の脇を通り抜けた。横を通る瞬間が最も緊張する。

なるべく自然に、男を刺激しないように、さりげなく。

キッチンに隣接する玄関のドアを開き、そそくさと靴に足をねじ込みながら振り返ると、男は相変わらず玄関に背を向け先程まで望月が占有していた六畳間の虚空を見つめたまま立ち尽くしている。

ドアを閉じながら、望月は室内の男に頭を下げた。

「……失礼しました」

我ながら、情けなかった。


翌日、望月は駅前のカプセルホテルから出勤した。

仕事を始める前に、あの部屋を手配した総務にそれとなく訊いてみる。

「あのー、あの部屋のことなんですけど……」

「ああ、本町のね。住み心地どうですか？」

会社ではあの近辺にあるアパートのうち何室かを借り上げて、寮のような使い方をしているらしい。

望月が〈アパートが古い〉ことに文句を付けに来たと思ったのだろう。

「あの辺、駅に近くて便利でしょ。あのアパート、立地や部屋数の割に家賃が安いんでね。大して綺麗なとこでもないと思うけど、この仕事やってるとどうせ家なんて寝るだけの場所になっちゃうからねぇ。ま、部屋の狭さ汚さは、会社持ちで家賃タダってことを割り引いて我慢してよ」

総務は一気にまくし立てた。

しかし、その様子を見る限りでは、それ以上の曰くや何かに心当たりがあるようには見えなかった。

「……そうですか」

溜め息が出た。

――首から血を出してる先住人がいるんで部屋を変えてくれ。

〈とは、言えないよなぁ……〉

どうせ、誰も信じない。

同僚に打ち明けて変人扱いされれば今後の仕事がやり難くなる。

望月は、これまでの人生をそれなりにヤンチャで通してきた。

オバケが怖い、などという相談をおいそれとできる友人はそうそういない。弱みは見せないのが望月の流儀だからだ。

しかし、世の中には自分一人で抱え込める問題とそうでない問題がある。

いつまでもカプセルホテルで生活できるほど経済的にゆとりがある訳ではない。

まず疑うべきは、自分の正気だろう。

望月は、それが自分にだけ見えるのか、そうでないのかを知りたいと思った。

そこで、物見高く、そして弱みを見せてもいい友人を呼び出して、相談してみることを思いついた。


その日の仕事が終わって退社時刻となった。

が、あの部屋には戻れない。

望月の呼び出しに応じて、待ち合わせに指定した会社近くの喫茶店に現れたのは、中学以来の悪友二人だ。

「よう」

この二人に相談を持ちかけたのには理由がある。

山本はいわゆる「多少見えるクチ」だ。本人は「俺よりは、親がね」と謙遜するが、これまでにも地縛霊が出ると評判の事故現場を見物に行くような、ヤンチャっぷりを見せてきた。少なくとも頭ごなしに否定するようなことはしない男だった。

もう一人、横路は山本とは正反対で、ガチガチの否定派。科学で説明できないもの、万人に見えないものは全て気のせいかインチキか、そうでなければ何か示し合わせてのペテンだと決めてかかる男だ。三人は一緒につるんで遊ぶ機会が多かったのだが、このテーマに限って言えば横路はいつも山本をバカにしていた。

もし、山本を連れていって奴にも見えるなら本物。少なくとも、望月だけが正気を失っている訳じゃない、と安心できる。

そして、横路を連れていってこいつに見えるくらいなら、〈相当〉ということだ。

望月は昨日の出来事を詳しく話した。

会社の用意した部屋。

線香の匂い。

ガラス戸の向こうの血塗れの男。

山本は神妙な顔をして頷いた。

「アホか」

横路は一言の元に切り捨てた。

「いる訳ないじゃん。そんなの」

「いたんだって！」

「見間違いか、そうでなけりゃホームレスだろ」

横路はまるで取り合わなかった。

「まあな、お前は絶対見えねーって言うだろうとは思ってたさ」

「で、何。俺にどうしろと？」

横路は身を乗り出して鼻を鳴らした。これは、相手を侮るときのこの男の癖だ。

「望月たんは、俺に一緒に来てほちいんでちゅかー？」

「茶化すなよ。望月はマジなんだから」

山本がそれを諫《いさ》める。

「そのお化け屋敷に行ってやりたいのは山々なんだけど、どっちにしても今日は無理だな。先約があるんだよ」

「彼女？」

「まあな。ヤマ、お前は行くんだろ？」

山本が頷くと横路は時間を気にしながら席を立った。

「後で話聞かせろよ。じゃあな」

横路はいい奴だ。ただ、この手の話になると、決まってあの態度になる。

横路の気持ちは分からないでもない。望月にしてみても、今までそれほど真剣に霊やら何やらを信じていた訳じゃない。しかし、今回ばかりは自分の見たものが何であるのか、判断が下せないでいる。

「……まあ、気にするな、望月。あいつには分かんないんだよ」

少なくとも山本は信じてくれる。そのことが救いだった。

「じゃ、早速行ってみよう」


問題のアパートは、外観はその辺にあるありふれた建物と何ら変わらない。

外階段を上る間も、特に変わった雰囲気はない。

洗濯機、枯れかけた植木、新聞、まとめてあるゴミ袋。

「……普通だよな」

「ここまではな」

二階にある望月の、いや〈あの男の〉部屋の前に立った途端、山本は呻いた。

「何だこりゃ。こんなの初めてだよ」

見ると、廊下の薄暗い常夜灯に照らされた山本の顔からは、汗が噴き出している。暑さからくるそれとは明らかに違う。

望月はシリンダー錠に鍵を差し込んだ。

「開けるぞ」

山本が頷いたのを確かめて、鍵を回す。

――ガキンッ。

ノブを回すのと同時に、あの猛烈な臭いが室内から漏れ出てきた。

山本は顔を顰《しか》める。

「線香臭ェな……」

「だろ？」

靴は、脱がない。

昨日の今日ということもある。この部屋は何があるか分からない。

いや、確実に何かある。

だからすぐにでも逃げられるようにしておく。

線香の匂いが立ちこめる室内に足を踏み入れた。

耳の奥がキンと張りつめる。ともすれば音が聞こえなくなりそうなほど、空気の粘度が高い。

玄関を上がるとすぐ左手にキッチン。

足早にそこを抜け、手前の六畳間に入った。

山本は、幾分楽になったのか、フゥと息をついた。

「……いや、参った。このキッチン、凄いね。つか、普通じゃないよ、これ」

ここに来るまでの道すがら、対策らしきことを考えてきた。

お札を貼るとか、塩を盛るとかそういったことだ。

もちろん、山本だってそれを商売にしている訳じゃない。

〈奴らが見えることと、奴らを祓えることは全く別のことだ〉

常々、口癖のように言い聞かされてきた。

「俺達はあくまで素人だからな。俺ができることはする。でも、それでどうにもならないような相手だったら、望月……そんときは勘弁な」

引っ越し荷物を一つ解いて、前の部屋で使っていたお札を取り出した。

「効くかどうか分かんないけど、念のため試してみよう」

例のガラス戸にお札を貼った。

次に、キッチンの四隅に塩を盛る。

これで終わり。

「……効けばいいけどな」

キッチンから六畳間に戻った山本は、置きっぱなしになっていたテーブルに腰を下ろした。これで効果があるなら、それに越したことはない。少なくとも奴が出なくなるなら、音や線香の匂いくらいは我慢できないこともない。

今日はスタートが早かったこともあって、時間はまだ九時を回ったばかりだ。

昨日〈出た〉のは、夜の十一時を過ぎた深夜だった。奴が〈そういう類のもの〉だとするなら、顔を出すのはもう少し後になるだろう。

しかし、それは油断だった。

——カタカタ、カタカタ、カタカタ……。

部屋に〈対策〉を施してから、五分と経っていない。

キッチンに通じるガラス戸が音を立てて揺れ始めた。

「……おい、早すぎないか」

ガラス戸は小さく振動していた。

が、その音も振動も、加速度的に大きなものに変わった。

——カタカタ、ガタガタ……バンバン！　ガンガン！　ダンダンダンダンダン！

揺らしているどころではない。誰かが叩いているとしか思えない。

望月は、無意識のうちに後退った。

山本も鳴り続けるガラス戸から、少しずつ遠ざかっていた。

じわじわと部屋の奥へ、奥へと進む。

奥の六畳……望月が寝室にするつもりでいた道路側の六畳まで下がると、ガラス戸を叩く音はぴたりと止んだ。

「……なんだ？」

二人が顔を見合わせたのと、背後の窓が開いたのは同時だった。

この部屋に来てから、そう、昨日のうちから窓は一度も開けていない。クレシェンド錠も下りたままになっていたはずだ。

そこから何かが来そうだ。

闇に開かれた窓に、二人は本能的な恐怖を感じた。

今度は開き切った窓を睨みながら、沈黙したガラス戸のほうに向かってたじろぐ。

膝が笑っている。舌がねちゃついてうまく声が出ない。

山本のかすれるような声が聞こえた。

「……なあ。これ、やべェよ。洒落になんねぇよ。この部屋から出たほうが」

言い切る前にガラスの割れる音が響き渡った。

音は真後ろから聞こえた。今し方まで揺れていたガラス戸だ。

絶対に振り返りたくなかった。

が、音のしたほうを見たいという誘惑に勝てない。

砕けた破片、ひびの入ったガラス戸。

ガラス戸の上の窓が砕け落ちている。

割れた窓の向こうには、あの男が立っていた。

黒いコートを羽織った血塗れの男。

昨日と同じ、いや、昨日よりも遙かに強い怒気を孕《はら》んだ男の目が、二人の闖入者を射抜くように睨んでいる。その目は、眼窩から大きくせり出し、今にもこちらに吹き飛ばされてきそうなほどだった。

「逃げるぞ。逃げるしかねぇ」

望月の声が、声になっていたかどうか。

しかし、その声が聞こえていなかったとしても、考えていることは山本も同じだった。

望月への答えを念仏のように唱えている。

「……何処から逃げる。何処へ逃げる」

逃げられる場所。

急速に狭まっていく視界の中で、二人は必死に思考を巡らせた。

この部屋の出口は玄関しかない。

しかし、六畳間と出口に通じるキッチンの間を仕切るガラス戸の向こうには、あの男が立ちはだかっている。

昨日の手はもう使えない。あの男の脇を平穏無事に通り抜けるのは不可能だ。

玄関以外で外へ通じているところと言えば、後は窓しかない。

〈……行くしかない！〉

ここは二階だ。

しかし、たかが二階だ。窓の外には障害になるようなものはなかったはずだ。

朧《おぼろ》気《げ》な記憶を、自分を勇気づける方向にねじ曲げて、二人は覚悟を決めた。

「山本、お前先に行け」

六畳間の灯りを消すと、窓の外から街灯の灯りが差し込んできた。

その灯りが出口になる。

山本が飛んだ。

じりじりとガラス戸と距離を取っていた望月も、振り向きざま窓から身を翻した。

望月が地面に転がり落ちたところで、二人は互いの無事を確認しあった。

一刻も早く、少しでもここから遠ざかりたい。

山本のマンションに向かうタクシーの中で、二人は運転手に行き先を告げた以外は殆ど口を開かなかった。

肩で荒く息をする怯え切った二人の男は、運転手の目にはよほど怪しく映ったに違いない。泥棒か暴行でもやらかして、誰かに追われているんじゃないか……そう思われても反論できないほどだった。

「……あの部屋、どうすんの?」

車を降りたところで、先に口を開いたのは山本だった。

ようやく〈振り切った〉と安心できたのか、それでもやや引きつった笑いを浮かべた。

望月は即答した。

「無理。あそこには住めない」

そうとしか答えようがない。

それっきり、会話は途切れた。

翌日も山本のマンションに居続けとなった。

荷物の殆どはあの部屋に置きっぱなし。

しかし、あそこには戻れないし、今はまだ行く当てがある訳でもない。

「落ち着くまで俺んちにいていいよ」

山本の申し出は望月にとってこの上なくありがたいものだった。

あの部屋に比べれば会社からの距離は遠くなるが、背に腹は代えられない。

どちらにせよ別の部屋は探さなければならない。

その場合、自己理由ということになるから、新居の家賃は自分持ちになる。

〈引っ越したばかりだってのに……引っ越し費用、どうしよう〉

ずっとここに間借りする訳にもいかない。次の部屋探しについて悶々と考えていたところで、山本の部屋の電話が鳴った。

電話の主は横路だった。

それであの後どうなったんだと怒鳴っている声が、電話口から漏れ聞こえてくる。

ひとしきり応答していた山本は、望月に取り次がずに受話器を置いた。

「……今からこっちに来るってさ」

「……で、何。お前ら逃げてきたワケ?」

横路は勝ち誇ったような顔で嘲笑った。嬉しそうですらある。

望月が反論を控えていると、横路はにやけた冷やかしをやめて、真顔になった。

「……情けねぇ。情けなさ過ぎだよ。マジで逃げてきたワケ？　お前らさあ、歳幾つだよ。幾ら何でも、オバケを見ました、怖いから逃げましたっていう言いぐさが通用する歳じゃねーだろ？　おっかなくって一人じゃトイレ行けませんってかぁ？」

横路は盛んに挑発した。山本の顔は赤を通り越し紫色になるほど上気していた。

「見てねー奴には分かんねえんだよ！」

激昂し、横路に掴みかかる寸前の山本を抑え、望月は宣言した。

「俺はあの部屋にはもう戻りたくない。二度行って、二度とも出たんだぞ。お前だってアレ見りゃ納得するさ」

「ヤマがビビりなのは前から知ってたさ。ユーレイユーレイ騒ぎやがって。でも望月。お前まで、そんなもんにびくびくする奴だとは思わなかった。おめーらが見たのは、どっかの頭のおかしいオヤジなんだよ。望月が越してくる前に大家に黙って住み着いてたのさ」

望月は思った。もし、望月自身がアレを見ていなければ、横路の分析に大いに納得しただろう。

「おめーら、担がれてんだよ。そのオヤジに。そいつ、〈ここは俺んちだ〉って言ったんだろ？　望月を脅かしてビビらせてたたき出せば、せっかく入り込んだ自分のヤサが守れる。そんだけのことじゃねえか。何でお前が身銭切ってホームレスに家譲ってやんなきゃならないワケ？　馬鹿らしいだろ、そんな無駄金！」

横路の言い分は多分正しい。見えない人間、理解しない奴にとっては、それが最も合点がいく回答だろう。

少し前までなら横路と同じように考えていたかもしれない。しかし、今は山本の気持ちのほうが痛いほどよく分かる。

見てない奴そして見えない奴には分からない。到底、分かるはずがない。

横路は鼻を鳴らした。

「じゃあ、俺が確認する。俺はヤマと違って霊感なんかねぇ。望月ほど人の言うことに影響されやすくもねぇ。おめーらが見たっつってるオヤジがそんなに凄ぇユーレイだってんなら、俺にだって見えるはずだろ？　そしたら信じてやるよ。納得もしてやる。で――そのオヤジは俺がボコってやる」

横路はやる気満々だった。

〈望月の部屋にホームレスが居座っていて、望月と山本はそれからビビって逃げた。それを認めるのが恥ずかしいから、幽霊なんてありもしない話をでっち上げてる〉

と、決めつけているのだ。

望月は、横路がそんなことを言い出すのを心の何処かで待っていたのかもしれない。

あんな場所、二度行けば十分。三度も行く奴ぁバカだ。そうも思った。

しかし、行けば確実に出る。間違いなく幽霊を見られる。

そういうものを微塵も信じない横路に〈分からせる〉ためには、実際にあの恐怖を体感させるしかない。

山本は気乗りしない様子だった。

「もう放っとけよ。どーせ、見えねー奴には分かんねえんだよ」

「だから見せろっつってんだよ。俺を連れてけよ」

望月は決断した。


この忌まわしいアパートに入るのは三度目になる。

相変わらず、一見しただけではありふれたアパートにしか見えない。

二度と来るもんかと思って逃げ出してきたのに、三度も飛び込むなんて。

〈俺ァ、バカか。そうでなかったら、あの男に呼ばれてるのかもしれない〉

一瞬、そんな考えが望月の脳裏をかすめた。

先頭に立つ望月と嫌々最後尾を歩く山本に挟まれて外階段を登る間、横路のテンションは高めだった。

「本当に行くのか？」

望月は玄関前で振り向いた。ハイキングにでも行くような心易さの横路を、ここまで連れてきてしまったことに、多少の後悔があった。

横路の表情は一転していた。

興奮しているらしいことは分かる。それはさっきまでと変わらない。

ただ、誰かを殴ろうとする寸前の顔をしていた。振り上げた拳を叩き付ける直前の、ギラギラした目つきだ。

玄関から一歩も二歩も離れて距離を取っていた山本は、心配げに止めた。

「止めねェか？　やっぱ、今までとは違い過ぎんだよ、ここ」

山本の心配は前夜の体験と確信に基づくものだ。

が、横路には山本の恐れる恐怖の根元が理解できない。

「ヤマァ、お前らしくねえよ。そこまで言うんだったらお前はここで待ってりゃいいさ。望月、ドア開けろや」

山本は目を背け、望月は頷いた。

ゆっくりとドアが開く。

室内は薄暗く、シンと静まりかえっている。

あの猛烈な線香の匂いが流れ出してきたが、横路は何も感じないらしい。

開け放たれたドアから、室内に足を踏み入れた。

室内に人の気配はない。

横路は無人の荒野を往くようにキッチンを無神経に踏み荒らしてガラス戸を開けると、六畳間に進む。

剛胆に振る舞う友人が六畳間まで入り込んだのを見届けた後、望月もその後を追った。

横路は、なお尻込みする望月を六畳間に招き入れると、割れたガラス戸を後ろ手に閉め、室内を見回して笑った。

「……あんだよ。やっぱ誰もいねーじゃん」

嘲りを含んだ横路の笑い声に抗議しようと顔を上げたその瞬間。

横路の背後のガラス戸に、あのコートの男が立った。

男は砕けたガラス窓の隙間から、こちらを睨んでいる。

――ここは俺の部屋だぞ。

「何だよ、まだなんか隠しダマがあんのかァ？」

望月は言葉を失った。

窓際に下がりながら横路の背後を指さす。

「あァ？」

ガラス戸を振り向いた横路から、笑い声が消えた。

――ここは俺の部屋なんだよ。

先程までの威勢は消え失せていた。

横路にも見えているのだ。

赤く染まったコートと、破裂寸前の勢いで飛び出した目玉の男が。

退路はある。

望月は横路の腕を掴んだ。

「おい。横路、逃げるぞ」

「何処から」

「窓だ。窓から出られる！」

奥の六畳間の窓は、昨日のまま開け放たれている。

あそこから飛び出せば、助かる。

窓に取り付こうと振り向いたその瞬間――窓が閉じた。

昨日と逆だ。

横路は窓に取り付いたが、ピッタリと閉じられた窓はぴくりとも動かない。

クレシェンド錠は開いたままなのに。

「どうすんだよ、おい。開かねェぞ、これ！」

逃げ場がない。

玄関に続くガラス戸にはあの男がいる。

もはや、言葉を失って立ち尽くすことしかできなかった。

「畜生……」

横路が、あのコートの男に殴りかかるんじゃないか。そういう期待がほんの僅かにあった。それが突破口になるかどうかは分からないが、この男は見えていても信じない、それを恐れていないように振る舞うような、そんな気がした。

が、そんな期待は崩れ去った。

「やめっ、やめて！　わっ、わあああっ！」

横路の様子がおかしい。

まるで女子供のような怯えた悲鳴を上げ、その場に座り込んでしまった。

「おい、横路！」

「ひっ。ひぃぃぃ！　あ、あぃ、あーっ、あーっ！」

望月が差し出した手をはねのけ、更に何かを振り払おうとしている。

必死で身を守ろうと、虚空の何かと闘っているようだ。

しかし、望月には何も見えない。

「おい！」

望月に見えるのは、ガラス戸の向こうにいるコートの男だ。

そして、あの男は現れたときから一歩もそこを動いていない。ガラス越しに二人の闖入者を凝視している。これは、二度目までと同じだ。

しかし、横路はそれとは違うものを見ている。

全く別の何かが横路に襲いかかっているのだ。

宥《なだ》めても賺《すか》しても横路は聞き入れない。むしろ、その怯えっぷりはどんどんエスカレートしていく。

横路の声は次第に大きく、うわずった意味を持たない叫びに変わっていった。

「大丈夫か⁉」

玄関をこじ開けた山本の叫び声が聞こえる。

只事ではない横路の悲鳴は玄関側にいた山本にも届いたらしい。

「ヤマ！　山本！」

光明が見えた！

望月は咄嗟《とっさ》に叫んだ。

「そこの盛り塩、こっちに投げろ！」

山本は玄関の最も近いところに盛り上げてあった塩を掴むと、ガラス戸のほうへ向けて一直線に投げた。

塩を浴びたコートの男は一瞬にして消え、キッチンに白い塩の道が生まれる。

望月は暴れる横路を担ぎ上げ、一気に走った。

出口へ。出口へ。


それから何処をどう逃げたかは憶えていない。

大通りでタクシーを拾った。

唇の端から白い泡をこぼして唸り続ける横路を、そのまま病院に担ぎ込んだのが何時頃だったのか、そんなことすら記憶に残っていない。

引きつけを起こしたように痙攣《けいれん》する横路を医者に託す。

医者には、望月から「彼に何があったのか」についての事情が説明された。

医者は「分かりました」と何度も頷いたが、多分本当は分かっていなかったか、そうでなければ望月の説明をおよそ信用していなかったのだろう。

横路の親が駆けつけ、警察が来た。

望月は医者にそうしたように、横路の親にも、警察にも、ありのままを話した。

俺の部屋に幽霊が出て。

横路はそいつを見にいってからおかしくなって。

本当なんだ。横路は何か見たんだ。

俺には見えなかったけど、何かを見たんだよ！

「横路に会わせてくれれば分かるって。本当なんだよ！」

横路の親は取り付く島もないほどに激怒した。

警察には何度も呼び出され、精神鑑定まで受けさせられた。

〈俺のこと、疑ってるのかよ……〉

……長い疑いの果てに望月に下されたのは、嫌疑は限りなく灰色だが立件するには証拠不十分という結論。

ただ、横路の両親は最後まで望月を赦さなかった。

横路にはそれっきり会っていない。いや、会わせてもらえない。

何処に入院しているのか、転院先も知らされていない。

あのとき横路を止めるべきだった、という後悔に呵《さいな》まされて、真夜中に目が覚めることが何度かある。

今更、遅い。

ふと、山本の言っていた言葉を思い出した。

『……見えねぇ奴らには分かんねーんだよ』

横路の両親には、慰謝料を払い続けている。

望月の給料から、毎月十万円ずつ。

いつまで、という期限はない。

梁のある家

　小牧一家の生活は、一箇所に腰を落ち着けるという暮らしからはほど遠い。

　慣れてきたかな、といったところで前触れもなく「次の任地へ行け」という辞令が出る。前々から心の準備ができているようなときもあれば、それこそ夜のうちに出発して翌朝からは新天地、といった慌ただしいときもあった。やましいところは何もないが、これでは夜逃げと変わらない。

　あまりに引っ越しが頻繁なので、修子はすっかり荷造りがうまくなった。

「おい行くぞ」と言われて、数時間もあれば荷物をまとめて出発できる。

　というより、家財をなるべく増やさない、またいつスクランブルが掛かっても荷造りが簡単に済ませられるよう、きちんと整頓しておく癖が染み付いた。

　また、家を辞すときの引っ越しの挨拶もままならないので、何処に行っても近所付き合いは不可能だった。その意味で、隣近所に興味を持たないでくれる都会の暮らしは多少気楽で、良くも悪くも人付き合いが濃くなりがちな田舎の暮らしは時に苦痛になる。

小牧家
借家

まとめた荷物を荷台に運び込みながら修子は訊いた。

「こんだ、何処へ行くことになんの」

「空気のうめえところだ」

二郎はそう応えた。

「空気のうめえところ」というのは、この暮らしが始まってから修子と二郎の間に定着した符合の一つで、任地が田舎町、村などであることを指している。逆に任地が都会の場合は「賑やかなところ」という。新天地に少しでもポジティブな印象を持とうという工夫の表れだった。

このときの「空気のうめえところ」は、直前に暮らしていた町から幾分遠い場所にあった。高速道路などまだ十分に整備されていない時代だから、一般道や、ともすれば舗装も満足にされていないような田舎道を何時間も掛けて移動しなければならない。

移動はいつものように二郎の運転するトラック。

荷台には箱詰めした家財と、商売道具が満載されている。

二郎は修子と一人娘の優子を乗せたトラックを昼夜なく走らせ、目的地へと急いだ。

殆ど休みも取らず、それで着いたらすぐに仕事を始める。

これが最近なら超過労働で社会問題になりそうだし、また身体のほうも付いていきそうにない。無理をしただけ金になるという時代でもあり、また、二郎も若くて体力もあったからできたことなのだとも思う。

「明日の朝から仕事に掛かれって言われちょる。会社がもう家も用意しちょるき。まずは家ば直接行っちくりぃ言われちょる」

「そら、家探しの手間が省けてええね」


夜通し道路を飛ばし、到着した頃には朝になっていた。

事業所を開くのはそこそこ開けた街だが、自宅用に当てられた家は街から離れた辺鄙《へんぴ》な田舎の山間にある一軒家だった。

「近所付き合いはせんで済みそうやね」

近所付き合いどころか、周りには人家がない。

最後の家からここまで一～二キロほどは離れていた。

「まあ、家のことはお前に任せるき」

二郎は荷台から家財を下ろし、玄関先に積み上げると「行ってくるけん」と朝飯も取らずに街のほうにトラックを走らせていった。

残された修子は、優子を背負い紐でおぶった。

最近は盛んにハイハイをするようになり、ちょっと目を離すと家の中にいてさえ見失うことがあった。慣れぬ家で、優子がジッとしていてくれるとはとても思えない。いっそ背負って連れ歩いたほうが安心できる。

修子は荷ほどきを始めた。

何とも古い家だった。

玄関は土間と台所が一体になっていた。

台所もかつては竈《かまど》か何かだったのだろう。今は辛うじてガス台が据え付けられているようで、勝手口の脇にプロパンガスのボンベがあった。

玄関を潜って土間の左手に上がり框《かまち》。

そこを上がると畳敷きの八畳の和室があった。

その並びにもうひとつ畳敷きの六畳間。

この六畳間に続いて玄関と接する六畳間がもうひとつ。家の裏手に出られるよう、濡れ縁が張り出している。

家の一番奥には四畳半ほどの板張りの部屋があった。

この家に押し入れが見当たらないところを見ると、恐らく納戸か何かに使われていたのだろう。

南西に向いた八畳と六畳を繋ぐ広縁の突き当たりに便所。汲み取り式の古い和式便所には二股電球があるだけだ。

室内を歩き回ってみた修子は、とあるものがないことに気付いた。

「……風呂は何処や？」

便所が水洗でない以上、水回りは台所だけ。屋内に風呂は見当たらない。

首を捻りながら見て歩くと、家の裏手に大きな釜のようなものがあった。

何と五右衛門風呂とは。

母屋から張り出した梁に連なって、大きめの庇《ひさし》が設えられている。

風呂釜と洗い場は、この梁の下に吹きさらしになって置かれていた。

隣近所に民家がなく街からも離れている。人目を気にする必要のなさからそうなっているのだろうが、初めて見る五右衛門風呂には圧倒されるばかりだった。

夜通し運転してそのまま仕事に飛び出していった二郎は、きっとくたくたになって帰ってくるだろう。帰ったら一風呂浴びられるよう、支度をしておいてやろう。

「薪割り、その前に風呂釜を洗わんとなぁ……」

予想外の家事の多さを前にして、修子は腕まくりをした。

まずは便所から。汲み取り式だけあって臭いはたまらないが、便器や便所の床は幸い汚れも少なく、少々の拭き掃除で済んだ。

次に風呂。

吹きさらしの風呂場には、水道がない。

風呂場にあったホースを台所まで引っ張っていくと、ちょうど足りる長さだった。

土と枯葉の積もったタイルの洗い場をタワシで擦り、ホースで洗い流す。

黒光りする鋳鉄の風呂釜は少しだけ錆が浮いていた。これを擦り落としてホースで水を流すと、それなりに綺麗になった。

そこまで済んだところで、水を溜めるためにホースを風呂釜に入れて母屋に戻った。

今度は掃き掃除。

座敷の掃き掃除をしていると、優子がぐずり始めた。

「ああ、よしよし、おなか減ったかい」

もう昼近くなっていた。

まずは娘におっぱいをやり、それが落ち着いたところで自分の昼食を作ろうと台所に向かいかけて思い出した。

「あ、いけん。水、溜めっぱなしやった」

水、水、と小走りに台所に向かうと、蛇口に繋いでおいたホースがない。
「おや？」
蛇口の水も止まっている。
いつのまに止めたんだっけ。
首を捻る修子の背後から何かを擦るような物音が聞こえた。
――しゃっ。
座敷の奥からだ。
振り向く。が、何もない。
おかしい。
首を捻りつつ、修子は風呂場に向かった。
ホースの端は風呂釜の中に突っ込んでおいたはずだ。
しかし、風呂釜の中には見当たらない。
ホースは、風呂場の上の梁にぐるぐると巻き付けられていた。
まるで蛇がとぐろを巻いているようだ。
「近所の子供が悪戯でも……」
そう考えかけて、気付いた。

一～二キロ以上行かなければ、「近所」の家など存在しないのだ。

今、この家には修子と娘の優子しかいない。

優子は、ずっと修子の背中にいる。

そもそもハイハイを始めたばかりの優子の仕業とは思えない。


昼食は簡単に済ませた。

午後、四部屋全てを掃き終えると、換気のために障子や襖を開け放ち、玄関先に積んであった荷物を順に屋内に運び上げた。

物入れがあるのはありがたいが、収納しておかなければならないような大きな荷物はさほどない。一番かさばる荷物と言えば蒲団ぐらいのものだ。

修子は蒲団を抱え上げると、物入れに向かった。

「おや？」

物入れと座敷を仕切る戸襖が閉まっている。

……開けておいたのに。

蒲団を足下に置き、戸襖を開けると「しゃっ」と音がした。

よく見ると、戸襖の框と溝の間に黒い糸が挟まっている。

よく掃いたつもりだったのに……。

跪《ひざまず》いて糸を取り除こうとした。

それは髪の毛だった。

戸襖を外して溝を拭うと、それは両手のひらいっぱいもあった。

前の住人の掃除がいい加減だったのだろう。

掃除や風呂の支度があらかた終わった頃には、夕方近くになっていた。

とりあえず身の回りの物だけ荷ほどきして、夕餉の支度に取りかかる。

土間を兼ねた台所は全体に暗い印象があった。

それは、灯りが暗かったせいかもしれないし、三和土《たたき》の土の色のせいもあるかもしれない。白い漆喰《しっくい》でできたガス台の正面の壁を見ると、何やら煤けている上にひびが入っている。長年使われていた古い家だからということもあるのだろうが、金を取って人に貸す家にしては手入れが酷過ぎる。

「髪の毛といい、壁といい……こら不動産屋に文句を言わんといけんな」

玄関を入ってすぐの一番広い部屋を居間にした。

開いた卓袱台《ちゃぶだい》に夕餉の支度をしてしまうと、もうすることがない。

「暗くなる前に帰る」

二郎はそう言って出掛けたが、初日から仕事が立て込んでいるのか暗くなっても戻ってはこない。

今日着いたばかりで、この家にはまだ電話も付けていない。携帯電話などない時代だし、車は二郎が乗っていったトラックしかない。近くに見知った隣人がいるでもなく、連絡の取りようのない修子は二郎の帰りをただ待つしかなかった。

娘は傍らで寝息を立てている。

優子の横で、修子もうつらうつらと舟を漕いだ。

——しゃっ。

障子が溝を滑る音が聞こえた。

二郎が帰ってきたのか、と顔を上げた。

しかし、土間との間仕切りは閉まっている。

「おや?」

気のせいだか? と背後を振り向くと土間とは逆、奥の部屋との間の障子が開いていた。

物入れの戸襖が薄暗い座敷の奥に見えている。

閉めてあったはずなのに。

障子を閉め直した。

風のない夜だった。鳥や虫の気配もない。

耳がキンと痛くなるほどの静寂。自分の鼓動が身体の内側から聞こえてきそうだった。

――ぱきん、ぱきん。

土間のほうから音が聞こえる。

――ぱきん、ぱきん。

硬いものを何かで叩いているような音だ。リズムは不揃いだった。

――しゃっ。

障子を開ける音がした。

これは物入れのあるほうから聞こえてくる。

――しゃっ、しゃっ、しゃっ。

障子を盛んに開け閉《た》てしている。

――ぱきん、ぱき、ぱきん、ぱきん。

台所の物音も続いている。

修子は娘を背負うと財布を握りしめた。もし、泥棒ならそれだけは守らなければならない。二郎の不在を預かる彼女にとって、大切なのはその二つだけだった。

物音は続いた。

土間と居間を仕切る障子に近付く。

――ぱきん。

こちらの音は確かに土間から聞こえている。

そっと障子を開けて土間を覗き見た。

灯りのない土間は暗く、辛うじて居間からの灯りに照らされたガス台の近くが垣間見えた。

何か黒いものがある。

あの煤けた漆喰だろうか。

目を凝らして見ると、その煤けた黒い染みは動いていた。

煤ではない。

ガス台の上からぶら下がっている真っ黒いそれは、老人の形をしていた。

首に掛かった縄でてるてる坊主のように垂れ下がった老人は、足をぱたぱたともがき動かす。

その爪先が煤けた漆喰壁にぶつかる度、「ぱきん」と音を立てた。

修子は、障子を閉め息を呑んだ。
〈誰か、いる！〉
老人の正体を確かめるゆとりなどない。
〈娘を守らなければ！〉
修子は土間から一番遠いところ、そして最も堅牢な場所を求めて家の奥に走った。
隠れるならあの物入れだろう。
逃げ場はない。
が、身を隠すなら入り口が一つしかない、あの物入れしか思いつかなかった。
座敷を横切り、暗がりに閉ざされた物入れの戸襖を開けた。
——しゃっ。
一際真っ暗な闇の中に躍り込もうとして、修子は何かにぶつかった。
ここに片付けた家財道具には鼻をぶつけるほど大きなものはない。
「何⁉」
目を凝らす。
と、そこには人の腿があった。

梁からだらりとぶら下がっている。

女だった。

縊《くび》られた顔はパンパンに膨れあがっていたが、女であろうことだけは分かった。

「げ。けっ。げへ。へへっ」

女は、嗤った。のだと、思う。


二郎が帰ってくるまでの間、修子はずっと家の外にいた。

どうやって家の外まで逃げ出したかは、記憶が定かではない。

怖い、ということだけははっきり憶えている。

ただ、気付いたら家の外で、裸足のまま娘と財布を握りしめている自分がいた。

家の中に戻るよりは、外にいたほうが安心できるような気がしていた。

「お前、そんなとこで何しようとや」

道路脇を裸足でうろうろと歩き回る修子に気付いた二郎は、呆れて声を掛けた。

修子は、二郎を見つけるなり安堵と恐怖と怒りが一気に爆発した。

「何て……あんた、この家一体何よ！　何でこげな家ば借りたんよ！」

「何て……少々トウばたっとうけん、前より広かろうが！　会社から宛がわれたっちゃけん、文句言うなぁ！」

二郎はそう言い返して修子を殴り、修子は怒りのあまり二郎を殴り返した。

背に優子を背負ったまま、掴み合いの喧嘩になった。

思えば、二郎が修子に手を上げるようになったのは、この頃からだった。

翌日、会社と不動産屋に文句を言うと、事業所の傍に建つ新しいアパートをすぐに紹介してくれた。

不動産屋が何も言わなかったところを見ると、〈全て織り込み済み〉の物件だったのかもしれない。

三角アパート

三角形の不動産にまつわる怪談

二十一世紀に入って間もない頃。結婚前の僕は都内に新居を探していた。建て売り、更地、中古物件までいろいろ見て回った。

時々、立地条件の割に格安な物件に巡り会うことがあった。山手通りの東中野近辺に出物があったが、直角三角形をしていたので何となくやめた。

「三角形の敷地に建つ三角形の建物」という物件そのものは、決して珍しい存在ではない。実際、不定形であるが故に使いづらく価格も安い。そのことを起因としているのか、そうした物件にまつわる怪談もしばしば耳にする。

ここでは九州のとある地方都市に実在した物件について触れてみたい。

新婚夫婦の新居について

彼女の名は小枝子としておく。当時二十三歳になったばかりの小枝子は、新婚生活を送るための新居を探していた。まだ若い二人はできるだけ安く、手頃な物件を捜す。

「安い部屋――ありますよ」

不動産屋に紹介された物件は、三階建てのアパートだった。東から西に向けてY字型に分かれる三叉路の分岐点の頂点に建っている。周囲には学校や運動公園もある。少々飛行機がうるさいが、それはこの町の何処に行っても避けられない問題なので気にはならない。

アパートは変わった形をしていた。Y字型の分岐点を頂点にした三角形の敷地。そこに、建坪率《けんぺいりつ》ぎりぎりまで使い切ろうという魂胆なのか、二等辺三角形の鋭利な建物が建っている。小枝子達の新居は三階の角部屋。東に突き出た三角形の部屋だった。南、北、東側は道路。しかも、三階。周囲にはそこより高い建物もなく、日当たりもかなりよかった。

なのに、その恩恵があまり感じられない部屋でもあった。部屋はいつも湿気ていたし、南北の窓を開いていても風が抜けていかない。いや、風は抜けるのだろうが、却って湿り気がこもっていくようにすら感じる。

「この部屋、蒸すね」「そうだね」

夫とそんな会話を何度か交わす。

ある夜半、室内に霧が出ていた。外から霧が流れ込んできたのかと、驚いて窓を見る。閉じた窓を開けて外を確かめるも、外に霧はない。部屋の中にだけ霧が立ちこめている。

〈湿気の抜け難い部屋だから安いのだ〉

小枝子はそう考えて納得した。

部屋にいるものについて

この部屋には、新婚夫婦二人だけで暮らしていた。まだ子供もなく、夫と小枝子の二人だけの生活。そのはずだった。

夫の帰りを待って夕食の支度をしていると、〈みしり、みしり、みしり〉と、畳を踏んで歩く音がする。いつの間に帰ってきたのだろう、と足音のするほうを振り向くと誰もいない。——が、畳の一部が凹んでいる。いや、足音に合わせて畳の凹みが移動していく。見えない誰かの足跡だけが見えていると表現するのが、一番しっくり来る。

息を呑んだ。

が、小枝子が声を上げるより早く、彼女の気持ちを代弁してくれた者がいる。

「ぎゃああああああああああ!」

絶叫が響き渡った。小枝子のものではない。別の誰かの引き裂くような叫び声。脳が沸騰するような女の悲鳴は、室内、小枝子の耳元で聞こえた。小枝子の上げた悲鳴は、その声に呑まれて声にならなかった。

「この部屋、おかしいよ」

夫に訴えた。いや、おかしいことは薄々気付いていた。例の湿気りのせいもあるのか、壁はすぐに剥がれ落ちる。大家に訴えて塗り直してもらっても、一カ月も保たずに壁はぼろぼろと剥がれ落ちる。剥がれた壁の欠片を片付けていると、また気配。人影が視界の隅をよぎる。その方向を追っても、もちろん誰もいない。諦めて見ないようにする。注意を向けないよう、気付かないように振る舞おうとする。すると誰かが身体に触れる。まとわりつくように肌に張り付く掌。掌。掌。それでも声を上げない。ただ、耐えている。

「そうだな。この部屋はおかしい」

夫もこの部屋の異変には気付いている様子だった。アパートの周囲には、野良猫もいればば小鳥も来る。向かいの路地にあるゴミ捨て場を漁るカラスと猫の縄張り争いも目に入るが、そうした生き物は決してこのアパートには寄りつかない。猫も鳥も、飼い主に連れられて散歩する犬までもこのアパートを避ける。

「引っ越そうよ！」

「そんな金、何処にあるんだ！」

そうだ。金はない。なけなしの貯金はこの部屋に引っ越すときにはたいてしまった。

「でも！」

小枝子の声は、いつもより少し大きかったかもしれない。が、その声は遮られた。

〈どんどんどんどんどん！〉

壁が叩かれている。夫婦の諍《いさか》いが隣室の癇《しゃく》に障ったのかもしれない。壁を打つ音は、薄い壁を打ち破らんばかりに続く。小枝子は声を潜めた。しかし、壁を打つ音は止まない。

〈隣人が怒っているのか〉

隣人に謝罪を——部屋を出たところで気付く。鳴り続けていた壁は、道路側に面していた。ドアを開けた直後、壁の音は止んだ。

「……気持ちは分かる。俺もお前と同じ気持ちだ。でも、我慢するしかないよ」

夫は諦めの入り交じった溜め息をついた。

封印について

夫婦は次第に体調を崩すようになった。夫は仕事を休みがちになり、小枝子は入退院を繰り返す。馴染みとなった町内の人々の噂に耳を傾けると、この分岐路にはかつて何かの塚があったらしい。それが何かは分からない。

「古い塚だったって。それ潰して、ここを建てたらしい」

「やたら人が死んでるんだって。私達が入居する三年前にも、前の道路で子供が死んだ事故があったって」

夫婦は互いの聞きつけた噂をつきあわせ、ただただ嘆息するしかなかった。どうしようにも、どうにもできない。塩を盛ろうか酒を供えようかと素人考えで試してみるも、何ら効き目は期待できなかった。

そうしたことが繰り返される日々が続いた。不快な事象を受け入れることはできないが、耐えることに馴れ始め一年が過ぎたある朝。

「あれ？」

寝室代わりにしていた部屋の天井近くの壁に、絵が貼ってあった。小さな紙片に描かれているのは、インド風とも密教風とも取れる妖しいポーズの人物。いや、神像だろうか。判読できる文字らしきものはない。紙片の縁は黄色く色褪せている。紙片を壁に繋ぎ止めていたのは何処にでもある押しピン。ピンは錆び付き古ぼけている。

〈いつからあんなところにあったんだろう〉

寝室の目に付く場所だった。夫に問うと、

「お前が貼ったんだと思っていた」

一年、ずっと過ごしてきたのに、存在に気付かないはずはない。しかし、夫婦二人とも心当たりがない。それは文字のない御札のようにも見えたし、逆に何かを呼び込む触媒であるようにも見えた。ただ薄気味悪い。小枝子は神像の描かれた紙片を剥がし、燃やした。

もしかしたら、これが不快の原因だったのかもしれない。——取り除けば、或いは。

現れたものについて

紙片を燃やした晩。夫の帰りを待ちつつ、小枝子は一人部屋で過ごしていた。点けっぱなしのテレビが、一人で過ごす勇気をくれる。だが、背後からは夫のものではない気配がしている。ただ、それにはもう馴れてしまった。

〈またか〉

どうせ、誰もいない。気配があるだけ。

そう思いつつ、習慣のように背後を確かめる。すると、出入り口に垂れ下がっていた暖簾が、一枚だけ捲れ上がっていた。誰かがつまみ上げているように思われる。

「誰？」

立ち上がると、暖簾の下に小学生がいた。

「ボク、何処の子？　勝手に入っちゃ」

と、諫める間もなかった。小学生の男の子は暖簾の下をくぐり抜け、小枝子のいる室内に上がり込んできた。

「ちょっと、ボク……」

男の子の頭は、少し変わった形をしていた。

額の中央の辺りが顔の内側にめり込むように凹んでいる。凹んだ分の帳尻は合わなかったようで、後頭部から頭頂にかけて頭皮が捲り上がっていた。その裂け目からストロベリーソースを掛けたピンクのムースのようなものが覗いている。頭蓋が弾けているのだ、ということを小枝子は容易に連想できなかった。

男の子は小枝子の周囲を走る。

片腕を振り回し、へたり込む小枝子を囲い込むように走る。左腕は肘から先が何だかとても長い。裂けているのだろうが、千切れてしまわず、男の子はそれを引き摺るようにしている。

〈ずるずる、ばたばた、がくんがくん〉

と、不可解なリズムで彼は走る。

足の関節の数だって多い。この子はなぜ膝が五つもあるのか。なぜ膝が前後に揺れるのか。なぜ左足の脛が前に向かって曲がるのか。

男の子は、奇異な声を上げるでもなく、ただ畳を踏みならしながら走った。何処にでもいる、躾けの悪い子供がそうするように。

「うるさいよ！　いい加減にしろ！」

階下の住人が怒鳴り込んできた。

小枝子は、答えのない問いを繰り返すだけの思考からようやく解き放たれた。そして、真っ赤な顔で口角を飛ばす階下の住人と自分の間に、男の子の姿がないことを確認した。

しかし、安堵にはほど遠かった。

小枝子について

この部屋から夫婦が引っ越しを決意するのは、ここから更に一年半も先のことだ。小学生が現れた後、そして引っ越しの後に至るまで、なお話は続く。いや、引っ越しで話が終わった訳でもない。小枝子にとって、この体験はその後に続く全ての出来事への、プロローグでしかなかったのかもしれない。

新婚。新居。

そして、三角。三叉路。三階。三年。三十三歳。三カ月目。三人目。

三にまつわる怪を、小枝子——勝田小枝子は長く体験していくことになる。

香津美の実家

この話は、二〇〇三年の初夏から始めることにする。

勝田小枝子は、同世代の従兄弟の中では最年長の部類に入る。

真っ先に結婚もしてそれなりに大きな子供もいる歳だが、年下の従兄弟達からは、「小枝子姉《ねえ》」と呼ばれ、親しまれている。

小枝子より四歳下の綾部俊は、母方の血縁で伯父の長男。

実家も近く小枝子とも仲のいい俊だが、なかなか良縁に恵まれなかった。

が、ここへ来てようやく結婚することになった。

「俊ちゃん、冬が長かったねえ」

長井邸
二階

長井邸
一階

「おうよ。三十三でようやく俺にも春が来たよ」

俊は満面の笑みを浮かべた。

俊の弟の猛は、特に兄貴の結婚を喜んだ。

「まあ、兄ちゃんが片付いてくれて俺も大助かりだよ。だってよー、兄ちゃんが結婚しねえうちに、俺が先に結婚する訳にいかないじゃん。だからうちの彼女とじりじりしながら待ってたんだよ、兄ちゃんの結婚が決まんのをさー」

と、憎まれ口を叩くが、その顔に邪気はない。

この夏から俊の妻になる香津美は、婚約者の傍らではにかんだ笑顔を浮かべた。

香津美は、旧家の一人娘だった。

よほどの大金持ちという訳でもないが、お屋敷で育った箱入り娘である。

そういう家の一人娘を嫁に貰うということもあって、先方の親御さんに挨拶に行ったとき俊は息が詰まるほどに緊張した、と話す。

「まあ、一人娘だからさ。香津美は」

断られる、追い返されるのを覚悟で出向いたのだが、香津美の両親は難なく俊の申し出を快諾してくれた。拍子抜けするほどだった。

その代わり、と条件を付けられた。

〈香津美は一人娘だし、我々両親としても長年一緒に暮らした娘がいなくなってしまうのは寂しい〉

だから、香津美の実家で新婚生活を始めないか、というものだ。

〈入り婿という訳ではない。綾部君の家に香津美の籍を入れてくれて構わない〉

その代わり香津美の実家で、香津美の両親つまりは義父母と同居してくれないか、というのが結婚を許す唯一の条件だった。

「まあ……マスオさんだよな。サザエさんちの」

俊はそうぼやいたが、実質的には逆玉といってもいいような破格の待遇だ。

いずれはあの家屋敷は娘とその夫……つまり俊達のものになるだろう。

「長井の家の……向こうの御両親も、娘を預けるんだから俊ちゃんに期待してるってことでしょう。いい話じゃないの」

小枝子が羨望の眼差しを向けると、俊はまた笑った。

「いやあ、別に家が欲しくて結婚する訳じゃない。何処だって構わない。俺にとっては香津美がいるところが帰るべき〈愛しの我が家〉だからさ。向こうの親御さんとか家とか、そんなのはオマケみたいなもんさ」

香津美の肩を抱いてとろけるように笑う俊に、〈またノロケだよ〉と猛が苦笑した。

ここまでは結婚前の話。

俊と香津美が正式に結婚をしたのは二〇〇三年の八月。

それぞれの親族だけで集まって、割と質素な結婚式を挙げた。

綾部の家からは俊の両親、弟の猛、それに親戚が何人か。小枝子も招待された。

長井の家――香津美の家では親戚は誰も招かなかったようで、香津美の両親だけがテーブルに着いた。

「うち、両親のどちらの家系にも親戚っていないんです。だから従兄弟もなくて」

式前、従兄弟が多く仲がいい俊の親族を香津美は羨ましがっていた。

この地方では〈結婚式は知己を大勢呼んで豪勢に〉というのが慣例だったが、香津美の両親の申し出で〈門出はささやかに〉ということになった。

新婚旅行についても〈慌てて行かなくても、もっと落ち着いてからゆっくり行けば〉という長井家の提案が通った。

同居を奨めたときも、結婚式も、そして新婚旅行についても、香津美の両親は決して無理強いをしている訳ではなく、ただただ柔和な笑みを浮かべて〈そうしていただけるとありがたい〉と推してくる。

強いられないが故に強硬に反対するのも憚られ、俊は結局、義父母の思惑を容れることになった。

「まあ……旧家には旧家のやり方があるんだろう」

香津美の実家——長井家は、山裾に広がる小さな集落の端にあった。

街中の狭い団地で育った俊には、羨むばかりの広い敷地。そこに、二階建ての家が建っている。香津美は「別に広い訳じゃないし、ちょっと古いだけの普通の家」と謙遜するが、俊は旧家の佇まいに緊張すること頻りだった。

長井家の周囲は、垣根でぐるりと囲まれていた。

垣根と言っても家の中が窺《うかが》えないほどのものではなく、周囲と敷地を緩やかに隔てる程度の低いもので、柊か何かの棘《とげ》のある葉を持つ低木が植えられている。

その垣根の一端に、格子戸の数寄屋門。

随分と年季が入って、風格のようなものが感じられる。

門からは母屋は見えない。

母屋までの間には、石畳を敷いた小径が少しうねりながら続く。

この家には何度か足を運んでいるのだが、やはり圧倒されてしまう。

俊の荷物を運び込むために手伝いに来た友人達も、家の風格に気圧された。

「おいおい、俊、こんな凄えところに住むのかよ」

「お屋敷だよ、お屋敷。すげー」

軽口を叩きながらも荷物を運び込む手伝いをしてくれた友達を〈上がって茶でも〉と引き留めたが、新婚生活第一日目を始める俊と香津美に気を使ってくれた。

「ま、新婚初日だからな。初夜の邪魔をするほど野暮じゃないぜ」

そう笑って、友人達は帰っていった。


義父母は俊を緊張させまいと、あの柔和な笑みを浮かべて言った。

「さあ、どうぞ。いや、今日からは君の家になるのだから、遠慮しないで、さあ」

これまで、この屋敷に香津美と香津美の両親の三人だけで暮らしてきた。

今日からは俊が加わって四人家族になる。

「早く五人家族になるといいわねえ」

義母はそんな期待を口にした。

どうも庭に圧倒されてお屋敷のように感じていたが、家の中に入ってみると香津美の言う通りさほど大きな家という訳でもないことが分かる。

板張りの廊下や天井、磨き上げられた柱などが、全て黒光りしている。

今出来のけばけばしい一戸建てとは位が違って見えた。

一階には広間を含めて四間ほど。

玄関を上がって正面に和室が一つ。

左手、南側に十二畳ほどの広い居間がある。

次いで、六畳ほどの和室が二間。

居間から始まる三間が西側の広縁で繋がっている。

北側の和室が義父母の部屋となっている。

長い廊下の突き当たりに風呂とトイレ。

香津美に促されて階段を上る。

二階は、日当たりのいい広縁と廊下にぐるりと囲まれた和室が二間。

東側には、物干し場と窓のない和室が一部屋。

これは納戸として使われているようだ。

襖を開けて、新妻は振り返った。

「ね、そんな広い訳でもないでしょう」

後を付いて上がってきた義父母は、南側の日当たりのいい部屋を娘夫婦に使わせたいと言った。

「今まで香津美は二階の北側の部屋で我慢してもらって南側は客間にしていたんだが、こっちの部屋のほうが断然日当たりがいいし、見晴らしもいい。どうだろう?」

俊は感激して、〈ありがとうございます〉と頭を下げた。

「お気遣いに感謝します」

荷物の整理を進める途中、尿意を催した俊は階下に下りていった。

義父母は買い物にでも出掛けているのか留守だった。

「しかし……ここに三人しか住んでなかったっていうのも、もったいない話だねえ……」

居間と義父母の部屋に挟まれた部屋をひょいと覗いてみた。

新婚夫婦に当てられた日当たりのいい部屋……の真下。

そこは仏間だった。

部屋の隅に仏壇が置かれている。

が、俊の実家にあるような普通の仏壇がラーメン屋の岡持《おかもち》くらいの大きさだとすれば、この家の仏壇は教会のパイプオルガンくらいの大きさがあった。

(でけえな……)

さすが旧家、と感心すべきところなのかもしれない。

歴史が古いだけあって、仏壇の住人の数も並大抵じゃないということだろうか。

仏壇の上に、何か載せてあった。

一メートルほどの長さのある細長い木箱。

元は白木造りだったのかもしれないが、埃と手垢で薄汚くくすんでいた。

箱の継ぎ目を埋め尽くすように、紙で目張りされている。

黄ばんだ紙の表面には、墨色の濃い筆致で何か呪文のような模様が書き込まれていた。

（お札かよ！）

これから毎晩、お札付きの箱と仏壇の上で寝るのかと思うと、ゾッとした。

用を済ませて二階に戻ると、妻に相談した。

「なあ、どうして香津美は今までこの部屋を使わなかったんだ？」

「どうしてって……父と母が、〈ここは客間だから〉って決めていたからよ。家のものがお客にいい場所を譲るのは当然だって言われて、ずっとそうしてきたから……その割に、私の家ってお客さんがあまりこないのよね。だから、この家じゃ長いこと〈いい部屋なのにデッドスペース〉って感じだったのよ」

ふうん、と返事をした後、相談を持ちかけた。

「なあ、そんなにいい部屋なら、やっぱりお客さん用に取っておかないか」

「え、何で？」

仏間の上なんて気味が悪いから嫌だ、とはちょっと切り出し難かった。

「こっちの部屋、押し入れがないだろう。それにほら、これから俺達の友達とか従兄弟とか、遊びに来るようになるかもしれないだろ。そうなったら、使ってもらえるようにさ」

「ああそうか。そうね。そのほうがいいかも。じゃ、父と母には私から一言話しておくわね」

香津美は何の疑問も持たずにそれを受け入れた。

南の和室に広げかけていた俊の荷物は、香津美の部屋に運び込まれた。


こうして、新婚初夜を迎えた。

初夜とは言っても、何しろ妻の実家でしかも義父母の部屋の真上である。そうそう激しく頑張る訳にもいかない。

慎ましやかに子作りの第一歩を終えた二人は、早めに床に就いた。

蒲団は二組敷いたが、今日は新妻を抱いたまま眠りたかった。

灯りを消してしばらくの間は、荒い息使いが続いていたが、「おやすみ」という香津美の小声の挨拶の後からは、静かに寝息だけが聞こえるようになった。

俊も目を閉じた。

つらりと眠りに引き込まれつつあったところで、何かを感じた。

細かい振動、のようなもの。
地震のそれとは違う。
もっと間隔が長い。しかも、ひとつひとつは断つように短い。
――ずし、ずし、ずし、ずし。
部屋全体が揺れている、という訳ではなかった。
自分の身体だけが、振動している。
揺すられているのではなく、何かをぶつけられているような衝撃が感じられる。
横たわっている自分の蒲団の下からだ。
何か、拳で突き上げられるような。
――ずし、ずし、ずし、ずし。
音は聞こえない。
ただ、不揃いな衝撃だけが身体に響いてくる。
サンドバッグに身体を押し当て、その反対側を叩かれる感覚に似ている。
直接、拳が当たることがなくても、拳の振動と衝撃は内臓を痛めつける。
――ずし、ずし、ずし、ずし。
〈……?〉

ひとつひとつの衝撃には痛みはない。

だが、じわじわと続く打撃に、俊は段々気分が悪くなってきた。

腎臓に低周波のような衝撃が響く。

込み上げてくる吐き気を堪えた。

その音のない振動が現実にあるのか、新居での新生活に緊張してそうなっているのかは分からなかった。

――ずし、ずし、ずし、うし、ずし、うし、ずし、あし、あし。

振動と打撃は続いている。

が、その中に音が混じるようになった。

音ではなく、声。何かを念じる念仏のような暗い声が、打撃に合わせて聞こえてくる。

祈り、又は何かの念を込め、誰かが拳で天井を殴っている。

何を唱えているのかは分からない。

ただ、唸りを叩き付けている。

それが、床と畳を通じ蒲団を介して俊のはらわたを揺らしている。

そんな光景が頭に浮かんだ。

――あし、あし、あし、あし、あし、あし、あし、あし、あし。

声に留まらない。

息づかいの端々。

体温のようなぬくもり。

衣擦れ、と取れるような物音。

総じて言えば、何か〈気配〉のようなものが感じられた。

〈階下には義父母がいるし、隣には香津美がいる。気のせいだ〉

無人の家にいるのではなく、自分以外に三人もの人間がいる家にいるのだから、気配がして当たり前、と俊は寝返りを打った。

それまで暗い天井を眺めていたが、横を向いて香津美と向き合う形を取った。

〈――香津美の気配だと分かれば、きっと安心できるさ〉

そう思いたかった。

香津美の息が微かに俊の頬に掛かる。

顔は見えないが、香津美がこちらを向いていることは何となく気取ることができた。

が、それとは別の気配が、俊の背後から消えない。

突然、背中に灼けるような痛みが走った。

〈……ッ！〉

思わず息を呑んだ。

痛みは数度続いた。

何度目かの痛みの途中、意識が途絶えた。

眠りに落ちたのか、失神したのかは分からなかった。


翌朝、俊は痛みから目が覚めた。

身体を捩ると〈ぴりっぴりっ〉と背中に引きつれるような痛みが走る。

寝汗を掻いたのか、寝着はびっしょりと濡れていた。

「……てて」

寝着を脱ごうとしたところ、一際激しい痛みが走った。

「なあ、ちょっと背中を見てくれないか」

俊は、上半身をはだけると、先に着替えを始めていた香津美に声を掛けた。

「昨夜からひりひりして痛いんだよ」

「あら、やだあ……」

香津美は眉を潜めた。

「背中に引っ掻き傷があるよ」

「えっ」

慌てて寝着の背中側を見てみると、幾筋かの茶色い線が布地に染み付いている。

細長い瘡蓋《かさぶた》が剥がれたようで、背中にできた傷口から再び血が流れ始めた。

「血が出てるみたい」

「ワイシャツ、染みになったら困るなぁ。拭いてくれよ」

香津美はティッシュでそれを拭き取った。

「……あたし、そんなに激しくしたかしら」

「そんなことなかったと思うがなあ」


それは三日と置かず、頻繁に起きた。

仕事で家を空けている昼間は何もない。

例えば、出張などで家を空けるときや俊の実家に顔を出したときなど、出掛けた先では何も起きない。

だが、この家、あの部屋で蒲団に入ると、それは起きた。

突き上げるような振動が、身体を内側から揺らす。

気分が悪くなり始めた頃に、念じる声のようなものが伝わり始める。

その声は耳に聞こえているのか、脳に直接聞こえているのか分からない。

特別大声という訳でもなく、ただ何処からかじんわりと響いてくる。

そして、背中の傷。

とりわけ、この背中の痛みは耐え難いものがあった。

毎回、同じ傷を抉るように、何度も何度も繰り返される。

傷口が癒える前に新しい傷が付けられ、皮膚の一部がぐずぐずと崩れて疼《うず》いた。

早く床に就いても、遅く床に就いても同じだった。

俄然、家に帰ることが疎ましくなってくる。

「新婚なんだから早く帰ってやれよ」

同僚や上司は気を利かせて残業を切り上げさせようとするが、俊にとってむしろありがた迷惑だった。

帰ればあの痛みの時間が早まるだけだ。

蒲団に入る時間を少しでも先延ばしにしたくて、俊はしなくてもいい残業をしてみたり、同僚と遅くまで飲み歩いてみたりした。

そのことを、香津美は不審に思った。

それはそうだ。

まだ結婚してから数週間。新婚ほやほやなのだ。

夫の帰りを家で待ち、それこそ可能なら毎日ベタベタしていたい時期だというのに、夫は何くれとなく理由を付けては、遅い時間に帰宅する。

香津美が諦めて先に床に就くと、いつの間に帰ってきたのか翌朝には隣に寝ている。

が、その背中にはいつも真新しい傷ができている。

構ってもらえない香津美は当然ながら夫を疑った。

――自分以外の誰かに、あの傷を付けさせているのではないか？

香津美は夫の背中の傷を睨んで言った。

「ねえ……まさか、新婚早々から浮気してるんじゃないでしょうね？」

「誰と！　何で！」

俊は不機嫌そうに怒鳴り返した。

あまり眠っていないようで、目の下に青い隈が浮いていた。

香津美はすぐに黙り込んだが、俊がそうであるように香津美も不機嫌だった。

この一週間ほど、夫は香津美が眠った後の時間まで帰ってこないのだ。

夫の顔を見るのが朝送り出すときだけでは、不機嫌にならないほうがどうかしている。

人間は、嫌なこと、痛いことからは本能的に逃れようとする。

ましてや、それが起こる場所と時間がはっきり分かっているならなおさらだ。

俊が家に戻る時間、家にいる時間を極力減らそうとするのも無理からぬことだった。


三週間ほど過ぎた頃のこと。

二週目くらいまでは、香津美も俊の帰りを待って起きていたようだ。

しかし、一向に帰りの遅い俊と一戦交えた朝からは、遠慮なく早寝するようにしているらしく出迎えもない。

俊は、家族を起こさないよう静かに階段を上った。

小さなスタンドの灯りを頼りにもぞもぞと着替える。

蒲団を捲って溜め息を吐いた。

シーツの上に、染みのようなものがある。

俊の背中の傷からにじみ出た血だ。

スタンドの弱い灯りでもはっきりと見分けることができる。

しかし、他に行くところもない。

香津美の両親と同居することが結婚の条件だった。

それを受け入れた以上、ここに戻るしかない。

ここが〈愛しの我が家〉なのだ。

俊は蒲団の中に横たわると、スタンドの灯りを消した。

程なくあの振動が起きた。

俊の帰りを待ちわびていたようだ。

振動が声に変わるのはいつもより早いくらいだ。

何度身体を入れ替えようと、傷が付けられるのは背中だけ。

長く伸ばした爪を、丹念に抉るように食い込ませた跡が残る。

一度、香津美に訊いた。

「お前、何ともないのか」

香津美には質問の意味が理解できなかった。

「だから、揺れたりとか……」

香津美は「何のこと？」と首をかしげた。騙しているのでも、隠しているのでもなく、本当に何も気付いていない。

それ以上は訊くのを止めた。

声が聞こえるとも、誰かがいるとも、気配がするとも言わなかった。

自分は、ノイローゼなのだ。

気付かないうちに、自分の身体を自分で傷つけているのだ。

無自覚な自傷癖という奴だろう。

そう納得することにして、ジッと痛みに耐えた。

背中に痛みが走った。

いつもは香津美の寝顔を見ることで正気を保とうとしてきたが、その晩は香津美の側に背を預け、いつもとは逆の向きに寝返りを打った。

固く瞑っていた瞼をそっと開く。

障子の向こうに、うっすらと人影が見えた。

蹲《うずくま》って、何かを掘り返そうとしている姿。

両手で地面をあがき、穴を穿《うが》とうとしている。

——あし、あし、あし、あし、あし。

一掻きする都度、声が聞こえ、地響きのような振動と痛みが俊の背中に走った。

〈……この家は、一体なんだ〉


二〇〇三年九月。

結婚から一カ月が過ぎた。

この頃になると、振動、声は昼夜を問わず聞こえるようになっていた。

遅く帰っても、早く帰っても、休日朝から家にいても変わらない。

件の人影も遠慮がなくなってきた。

気が付くと、室内のあちこちに人が貼り付いている。

朝、出勤の支度をしているとき、何の気なしに顔を上げたら洋服箪笥《だんす》の脇に壮年の修験者が立っていた。壁と箪笥の間の二センチほどの隙間から身を乗り出している姿が、壁に貼り付いている。

香津美は気付いていない。

洋服箪笥からワイシャツを取り出すと、修験者の前を素通りして俊に手渡した。

香津美に掴みかからんばかりの修験者に圧倒され、息を呑んだ。

「……」

「どうかした？」

見えていないのだろう。

どれほど力説してみたところで、人は見えないものを信じない。

それに、修験者が睨んでいるのは香津美ではない。

その延長線上にいる俊なのだ。
それに気付いた俊は頭を振った。
「……いや、何でもない」
香津美はそれ以上は問わなかった。
香津美が階下に下りていくのを見送り、書類入れの中身を確かめて部屋を出た。
襖を開くと、目の前に足があった。
突然のことに驚いて後退る。
見上げると、天井から人がぶら下がっているようだった。
腰から上は鴨居に隠れて見えない。
床から三十センチほど離れた足と、腿の辺りで力なく揺れる指先は見える。
俊は襖を閉めた。
〈……改めて他の襖から出たら、なかったことにならないだろうか〉
部屋の反対側の回廊に出た。
そちらには誰もいない。
二階の和室をぐるりと南回りに囲んでいる回廊を通る。
二つ目の角で立ち止まった。

〈もし、まだいたらどうしよう〉
幻覚に違いない、と自分を鼓舞する。
幻覚であっても見たくはなかった。
俊は視線を足下に落とした。
できるだけ前を見ないよう、足下だけを見よう。
書類入れを顔の前にかざして自分の足下だけを見つめ、すり足で歩を進めた。
――どすん。
何かにぶつかった手応えを感じた。
書類入れの影から、ぶら下がった足が見えている。
もちろん、それは宙に浮いたままだ。
幻覚に触れるなんて、ますますどうかしている。
〈見ないように、見ないように……〉
俊はじわりじわりと身体を入れ替え、後は一目算に階段を駆け下りた。
階下では、義母と香津美が朝食の支度をしていた。
居間の食卓には、味噌汁と香ばしい香りの焼き魚が並べられている。
「おはよう」

新聞を広げていた義父は、俊に気付くといつもと変わらない柔和な笑みを浮かべた。

「……おはよう、ございます」

俊の席と決められた場所に、いつもの座布団が敷かれている。

香津美は膳に載せた菜と漬け物を俊の前に並べた。

「……今日も遅いの？」

「え、あ、ああ。うん」

香津美は短く「そう」とだけ答えて自分の席に腰を下ろした。

促されて、俊も座布団に座った。

座り心地が酷く悪い。

何か硬いものが座布団と畳の間に挟まっているような感触が感じられた。

「何だ？」

座布団の端を持ち上げてみた。

黒いふさの付いた塊がある。

隙間に手を入れて引っ張り出そうとするが、何が閊えているのか出てこない。

座布団から膝をずらし、そっと捲りあげる。

「……」

それは〈頭〉だったらしい。

俊の座布団が敷いてあった場所に頭。

その後ろ三メートルほどに渡って、畳の上に魚のあらのようなものがぶちまけられている。

俊は、口を押さえ目を背けた。

前に一度だけ、通勤途中に似たものを見たことがある。

それは確か、降りてきた遮断機を越えて踏切を渡ろうとした、通学途中の小学生の残骸だったと思う。

概ねそれとよく似た轢死《れきし》体を、義母は平然と踏みつぶして自分の席に着いた。

「それじゃあみんな揃ったことだし。いただきましょうか」

〈――やはり、俺だけなのか?〉

家族と自分の、どちらが本当に正気なのか。

俊にはもはやその判別が付け難くなっていた。


二〇〇三年十月。

殆ど眠れない日が続く。

本当に眠らないでいると参ってしまうので、何とか睡眠は取るようにしている——と、結婚式以来久々に会う従姉妹の前で俊は弱々しく言った。

「家で寝ないで何処で寝るのよ。まさか、本当に何処かに女作って……」

勝田小枝子が睨む。

俊は〈まさか〉と首を振った。

「小枝子姉ぇぇ。一応新婚だよ俺は。今だって香津美を愛してるんだよぉ。女なんか作るわけないだろぉ」

俊は力なく笑う。

小枝子の目には明らかにやつれて見えた。

確かに新生活というのは気苦労が絶えないものだ。

自分の新婚時代を思い返せばそれも分からないではない。

しかし、俊のやつれぶりは尋常ではない。

幻覚を見る、というのもよっぽどのことだ。

小枝子は俊に話を合わせることにした。

「家では寝られないから、外で寝てるんだ。会社の昼休みにデスクや応接のソファでとか……そうでなかったら、公園や駅のベンチで寝る。一眠りしてから帰る」

「でも、そんなんじゃ疲れも取れないでしょう？」

「まあね。それでも、あの家で寝るよりは遙かにマシだよ。外で寝る分には声も聞こえないし、背中も痛くならない」

声ねえ……と小枝子は溜め息を吐いた。

「幻聴っていうかさ、それはアレじゃないの。隣の家の騒音とか」

「隣に家なんかないよ。うちの実家みたいな団地じゃないんだから。あそこ、ド田舎の一軒家なんだぜ？」

「あ、そうか。じゃあ、テレビやラジオとか」

小枝子は他の可能性を考えた。

幻聴でないのだとしたら、何処かに音源があると考えるのは自然なことだ。

だが、それは俊も考え尽くした後だった。

「あの家さあ……ないんだよ。テレビも。ラジオも」

「え？　今どきぃ？」

「ないの。音の出るものがないんだ。何も。ラジカセ、テープレコーダー、CD、何でもいいんだけど、そういうものが一切ない。香津美がそういう今風の流行に疎いなあと思ってはいたんだけど、あれだけ何もなきゃ疎くもならあな」

「それじゃあ……向こうの御両親と一緒に住んでるんだから、御両親の話し声とか」

「両親が寝るのも早くてな。早めに帰っても大体寝てるみたいなんだ。出掛けてるのかもしれないけど……それに」

俊は咳き込んだ。

「ちょっと、大丈夫？」

「ああ、多分。噎《む》せただけ。それに、だ。最初の頃は声も何言っててっかよく分かんなかったんだけど、最近はそうでもない」

「何て言ってるの？」

「何か唱えてるんだ」

「なあんだ、じゃあやっぱり親御さんがお題目とか唱えてるんじゃないの。仏壇とかあるんでしょう？」

「……最初はさ、あんあんだのうんうんだの、そういう呻き声みたいなもんにしか聞こえなかったわけ。だからそれかな、とも思ったんだけど……それが、ほら、空手とかで人殴るときに気合いを入れて掛け声を上げるだろ？　おりゃーとか。あんなに威勢のいいもんじゃなくて、もっと暗い感じだけど……振動に合わせて聞こえるんだ」

それが、段々と変わっていった。

いや、段々聞き取れるようになってきた。

「今は違う。はっきり何言ってるか分かるようになった」

恨み言だ、と言う。

「長井……香津美の旧姓、つまりあそこん家《ち》の苗字な。長井ってんだけど、それを呼んでるんだよ。〈長井ぃぃぃ、長井ぃぃぃ、あぁぁぁぁ、あぁぁぁぁ、長井ぃぃぃ〉って。呻いてるというか、喉の奥から吐き戻してるみたいな声でさ」

なるほど。

「それだけじゃないぜ。〈死ね死ね死ね死ね死ね死ね死ね、長井、死ね死ね死ね〉とか。もっと聞いてると〈長井、詫びろ詫びろ詫びろ詫びろ、長井、詫びろ詫びろ……〉ときたもんだ。〈死ね〉で〈詫びろ〉って……自分ちの仏壇に向かってそんな念仏ないだろう？」

俊は頭を掻きむしった。

テーブルの上に雲脂《ふけ》が落ちた。

「それで、何。香津美さんは見えてないの？」

「香津美もあちらの親御さんも全然気付いてないみたいだ。振動も声も、人影も」

小枝子は息を漏らした。

〈――こりゃ重症だ〉

「……小枝子姉……今、　俺のこと頭がおかしいんじゃないかって思ったろう？」

「まあ、そりゃねえ」

「そうだろう？　俺も自分を疑ってるんだ。だって、部屋の中のあちこちに死体が出て、しかもそれが俺にしか見えないなんてあり得ない。存在しているなら俺以外の家族にだって見えるはずだしな。もし香津美達、長井家の人々が嘘を吐いていないのだとしたら、俺がおかしい、と考えるほうが合理的だろう」

俊は、叩き上げの技術職らしい合理性で断言した。

「なあ、小枝子姉。俺、頭がおかしいのかな」

「……」

どう答えたものか。

俊が小枝子を担ぐ理由は何もないし、新婚生活を俊が自らかき乱す理由もない。

何かアドバイスを、と考えた。

「……家を出るって訳にはいかないんでしょう」

「まあね。あっちの親とあの家で同居するっていうのが、結婚の条件だからなあ」

「家族に話す、とかは？」

「バカ言え。狂人扱いされちまう。小枝子姉だって嫌だろ？　自分の旦那がいきなり〈この家には幽霊が見える〉とか自分の親に告白したら」

　そりゃ、そうだ。

　ということは、家族に告白はせずに対処しなければならない、ということだ。

「じゃあ、月並みだけど……お守りとかはどう？　神社に行ってさ、何か良さそうなのを見繕ってもらって持ち歩いたらいいじゃない」

「やっぱりそれになるよな……」

「何だ、もうやってるの？」

「やってる」

　俊は懐から小袋を取り出した。

　一つ、二つ、三つ……。

　ポケット、財布、鞄、いろいろなところに詰め込んであったらしいお守りを、次から次へと取り出した。

「こりゃまた随分たくさんあるわねえ」

「同じのは長持ちしないんだ。できるだけ違う神社のほうが効くみたいでね」

　最初は家の近所で、次は会社の近所で。

出張や何かで遠出をするときは、行く先々でお守りを買う。

「有名とか無名とか関係ない。何処でもいい。今じゃ、道を歩いてて神社を見つけたら、飛び込みで買うことにしてる」

それを持って帰ると、少し楽になる。

気が楽になるというだけでなく、実際の痛みも少し和らぐ。

「お札じゃ駄目なの？」

「一度貼ってみたんだよ。目立たないところに。そしたら」

一日で〈なくなってしまった〉のだ。

「お札剥がしましたか、なんて聞けないだろう。貼るほうも貼るほうなんだしさ」

だからお守りを持ち歩く。

持って帰ってあの家にいる間は身に付けておき、出掛けるときにまた持って出る。

そして、帰宅時には新しいものを必ず持って帰る。

「でもさ、そんなに持って帰ったら奥さんに不気味に思われてんじゃない？」

「まあねえ。香津美は嫌がるけどね。辛気くさいとか言って。一応、〈お守りコレクターなんだ〉ってことにしてあるんだよね。〈今まで言ってなかったけど、俺のコレクションは結構膨大なんだぜ〉って。小枝子姉も口裏合わせてよ」

俊は冗談とも本気とも付かない顔で言った。

「難儀な話ねえ」

「でも、俺には死活問題だから。いや、ホントに。あの家に帰らないのが一番楽なんだけど……新妻の元に帰らない訳にはいかないから。まだ新婚なんだしさあ」

小枝子としては、笑っていいものかどうか判断が付きかねた。


二〇〇三年十一月。

めっきり寒くなってきた。

そろそろ公園や駅のベンチで寝るのは辛い季節だ。

家を早めに出て早朝の会社で仮眠。昼休みに仮眠。更には、タイムカードを押してしまってから、会社のソファで仮眠。

家では全く眠ることができない状態が続いた。

自分が眠っているのか起きているのか、それすら判別が付きづらい。

仕事の能率は格段に落ち、上司からは度々呼び出されて小言を食らった。

「もう三カ月だろう。新婚だからっていう言い訳はそろそろ通用しないぞ」

新婚生活など最初からなかったんだということを、この上司は知らない。

もちろん、知らせていない。

〈嫁の実家では、お守りが必要なほど幻覚を見ています〉など、とてもじゃないが相談できる内容ではない。

俊の体力は、限界に近付きつつある。


ある休日のことだ。

この頃には、休みの日はできるだけ外出して外でぐっすり眠る習慣が付いていた。

しかし、休日ごとに姿を消す俊と置いてけぼりにされる香津美との間は、かなり険悪になっていた。

「仕事が忙しいのは分かるわ。でも、少しはゆっくり休んだら?」

香津美には、〈大きな仕事が入っていて、凄く忙しい。休日も返上だ〉と言い含めてあった。

だから日に日にやつれていく夫を見て、香津美は仕事が辛いのだと理解していた。

しかし、嘘を吐き続けるのにも限界がある。

「私達、本当に夫婦なの?」

香津美は俊に詰め寄った。

夜は香津美が起きている時間は帰ってこない。朝も早朝に出掛けてしまう。休日はいない。メールや電話は欠かさないとはいえ、これでは香津美が怒るのも当然だ。

「たまには私と一緒に過ごす時間を作ってくれてもいいじゃない」

――一日だけ、我慢しよう。

俊は覚悟を決めた。

義父母は用事があるからと、朝から外出していた。

本当に用事があったのかどうかは分からないが、久々に二人っきりで休日を過ごすため、香津美が両親を家から追い出したのだろう。義父母も娘の頼みを容れて気を利かせてくれたようだ。

この日、香津美はずっと機嫌が良かった。

俊も癒された気分になれた。

そうだろう。香津美を愛しているから結婚したのだし、一緒にいたいからこの家に住む条件を飲んだはずだ。

このところ、疲れて忘れてしまっていたことを思い出し、原点に返った気がした。

台所で冷蔵庫を覗いていた香津美が小さく声を上げた。

「あ、いけない」

「どうした？」

「ビール切らしてるみたい。出してあげようと思ってたのに……」

「お義父さんかな」

この家では、義父と自分だけが酒を飲む。

結婚式の席上では〈娘の連れてきた男と酒を酌み交わすのが夢だった〉と話していた記憶があるが、生憎とこの家で義父と酒を飲んだことはない。

一言も口には出さないが、家に寄りつかない俊に内心はさぞや腹を立てているに違いない。少し申し訳ない気持ちになった。

「俺、買い出しに行ってこようか？」

「駄目。私が行ってくるから、あなたはここにいて」

「おいおい、逃げやしないよ」

香津美は舌を出して笑った。

こんな顔で笑う女だったんだなあ——そんなことも忘れていた自分に気付いた。

香津美が出掛けた後、俊は一人残された。

そういえば、この家でひとりっきりになったのも初めてだ。

台所と居間の間には仏間があった。

二階に上がるとき必ずこの部屋の前を通るが、普段は顔を背けできるだけ近付かないようにしていた。あの巨大な仏壇に、何か近寄り難い嫌なものを感じていたからだ。

——薄気味悪い幻聴も幻覚も全てあの仏壇に関係があるんじゃないか。

単純にそんなことを考えて、自分の中で禁忌に据えていたというのもある。

しかし、仏壇というのは死者を弔い慰める装置だ。

その仏壇に手を合わせないで避け続けているから、罰が当たっているのかもしれない。

俊はそのように考えた。

幸い、今は誰もいない。

〈改まってそうするのは照れくさいけど、家族が不在の間にちょっと御先祖様に挨拶をしてみようか。そうすることで、少しでも楽になれないか〉

縋《すが》れるものになら、何でも縋ってみよう。

俊はそんな気になった。

仏間に足を踏み入れる。

あの大きな仏壇があった。

初めて見たときに仏壇の上にあった、御札を貼った箱は見当たらなかった。

仏壇は閉じていたが、観音開きの扉を開いてみた。

古い位牌がある。

達筆過ぎて、俊には戒名も俗名も読み取れない。

が、その位牌を見ているうちに、得も言われぬ安堵感が沸き上がってきた。

蝋燭《ろうそく》に火を灯し、線香をあげた。

鉦《かね》を叩いて手を合わせる。

〈ああ……最初からちゃんと拝んでおけばよかったんだな……〉

それまで、不安で恐ろしくて辛い気持ちでいっぱいだったのが、位牌を見ているだけで救われたような、とろけて釣り込まれるような気持ちが溢れてくる。

目を閉じて頭を垂れていると、何処からともなく〈あの声〉が聞こえてきた。

いや。

何処からともなく、ではない。

蒲団で呻きながら聞くそれよりも、ずっとはっきりとしている。

声の出元もすぐに分かった。

仏間の隣。

義父母の部屋から、言葉になりきれない恨み言が、はらわたを揺らすように響く。

なぜだ。仏壇には手を合わせたぞ。

なぜだ。今は誰もいないはずだ。

俊は急激に大きくなっていく疑念と、あの声の正体を暴きたい気持ちとに抗いきれなくなった。

義父母の部屋は、仏間とは襖一枚隔てただけだ。

〈勝手に入るのは悪いかな〉

ほんの一瞬だけ、躊躇《ためら》った。

が、意を決して仏壇の脇の襖を開ける。

室内は、きちんと整頓されている。

義父のものだろう文机と、義母のものだろう小さなしかし年季の入った鏡台が一つ。

他には何もない。

しかし、襖を開けた瞬間から、あの声はより大きく聞こえていた。

〈……この部屋に間違いない〉

一歩足を踏み入れる。

耳を欹《そばだ》てて、ぐるりと見回した。

その声は、押し入れのほうから聞こえた。

躊躇わず、押し入れを開ける。
しかし、そこには衣装箱と蒲団が詰まっているだけだ。
「ここか？」
押し入れの上。
その声は、天袋から聞こえていた。
低い呻きは絶叫に近いほど大きな声となっていた。
意を決して天袋を開けてみた。
「……っ！」
思わず、耳を塞いだ。
それほどの大音響が轟いた。
そこに、箱があった。
あの〈お札を貼った細長い箱〉だ。
まるで、箱が叫んでいるのかと間違うほどだった。
なぜ、箱が叫んでいるのかは分からない。
なぜ、仏間にあったはずの箱が義父母の部屋に移されているのかも分からない。
が、義父母の部屋は、俊達の部屋の真下にあった。

俊は、自分に変調を来しているものの原因が、この箱の叫びであることを確信した。

「……これか。これが原因なのか」

もしそうなら、原因は取り除かなければならない。

箱が原因なら、この箱を捨ててしまえばいい。

それで解決する。

箱に手を掛けようと、爪先だって背伸びをした――そのとき。

視線を感じた。

振り向くと、開け放してあった仏間との間仕切りに隠れるように、人が立っていた。

――いつもの幻覚なのか？

そんな考えが頭をよぎった。

そう思えるほどの凶相で俊を窺っていたのは、誰あらぬ義父母だった。

いつの間に戻ってきたのか、いつ玄関から入ってきたのか全く気付かなかった。そして、今までに一度も見せたことがないような、禍々しい顔で俊の所作に見入っていた。

眼窩から飛び出してしまいそうなくらいに見開かれた両眼に、いつもの柔和な色はなかった。

「あ、ああ……ああああああああああああ！」

俊は絶叫した。

箱のそれよりも大きな声で叫び、そのまま家を飛び出した。


夕飯の支度を始めようとしていた小枝子は、玄関をノックする音に気付いた。

「はぁい。どちらさん？」

ドアを開けると、見知らぬ男が立っていた。

——と、一瞬見間違うほどにやつれた姿のそれは、俊だった。

一カ月前に会ったときも疲れた顔はしていたが、今は激痩せして人相まで変わって見える。

「……俊ちゃん……なの？　どうしたの、痩せちゃって！」

元々中肉中背だった俊だが、少なく見積もっても十キロは落ちているようだ。

が、そんなことは彼にとっては問題ではないようだった。

「聞いてくれよ、小枝子姉！　見つけたんだよ。見つけたんだ。やっと分かった！」

俊は大声を張り上げて言った。

「ちょっと、静かにしてよ！」

玄関先で大声を出されてはたまらない。

小枝子は俊を家に引き入れた。

興奮気味の俊に茶を出して落ち着かせ、改めて話を聞く。

「……で、何だって？　何を見つけたって？」

「だから、こないだ話したろ。俺がおかしくなった原因だよ」

その話、まだ続いていたの……という言葉が出かかった。

これまでのところ、他の誰にも相談していないのだという。

小枝子だけが、この悩みを共有する唯一の心の支え、拠り所なのだ。

「あの家、おかしいよ」

俊は、この一カ月のこと、この日あったことを洗いざらい小枝子に話した。

小枝子は、俊に起きていることが只事ではないのだということは薄々感じていた。

仮に何もない、全ては俊の思い過ごしに過ぎないのだとしても、ここまでになってしまった俊を、そのままあの家に帰してもいいものだろうか。

新婚のストレスで嫁が実家に帰る話はよくあることだ。だが、入り婿ではないにせよ、夫のほうがストレスで潰される、というような話はあまり聞かない。

よしんばそうだとして、「義父母と同居できないから帰ってきた」というような評判が立つようなことがあれば、結局は俊の為にならない。

解決策はない。時々こうして俊の悩みを聞いてやり、ガス抜きをさせながら慣れていくしかないだろう。

小枝子はそう結論した。

「で、どうするの。奥さんほっぽり出してきちゃったんでしょう」

「帰りたくない」

俊は冷たくなった湯呑みに視線を落として言った。

「あの家は、もう嫌だ」

「でもそういう訳にはいかないんでしょう。何だったら、今日はうちに泊まっていく？奥さんに心配掛けないようにあっちの家に電話入れてさ」

「いや、それは駄目だ。ここを感づかれたら小枝子姉にも迷惑が掛かるかもしれない」

俊は首を振った。

短い沈黙の後、決断した。

「……やっぱり、帰るわ」

俊の瞳に決意のようなものが感じられる。

俊は湯呑みに残ったお茶を飲み干すと、席を立った。

「小枝子姉、話聞いてくれてありがとう」

俊は、帰り際、玄関先で深々と頭を下げた。


それが最後になった。


次に俊を見たのは、遺影だった。

黒いリボンを飾られた額縁の中の俊は、香津美と結婚する以前の幸せに満ちた笑顔を浮かべている。こんな結末が控えているとは、この頃には考えも付かなかったろう。

〈綾部んところの俊ちゃんが首吊ったってよ！〉

実家経由での報せを聞いた小枝子は、心底驚いた。

が、同時に予感のようなものもあった。

香津美の実家——長井家が、通夜と葬儀の会場に充てられると聞いたとき躊躇いを感じたが、あの仲の良かった従兄弟の最後を見送らない訳にもいかない。

初めて訪れた〈あの家〉は、葬儀屋の用意した白黒の幕に囲われている。

葬儀の陰鬱《いんうつ》さが不思議と似合う家だった。

家の中は、焚かれた香の匂いでむせかえっている。

玄関を上がってすぐの広間とその隣の部屋の間仕切りが外され、そこに大きな祭壇が設けられていた。

香津美の姿を見つけた小枝子は、未亡人に頭を下げる。

「この度は……」

言葉の先が浮かばなかった。

全く短過ぎる結婚生活だった。

香津美は、腫れた目から溢れる涙を抑えながら嗚咽《おえつ》混じりに事情を話した。

「……あの人、寝室で、気が付いたら、私、私が、気が付いたら、寝室で、首、首を吊って……」

通夜の間ずっと、弔問客に挨拶をする都度、同じ事情を説明してきたのだろう。

ただ、何度それを繰り返しても俊の死を受け入れ難いのか、全てを告げ終わることなくその場に泣き崩れた。

「本当に御愁傷様で……」

小枝子は月並みな一言を言うのが精一杯だった。

その香津美の背後で、義父母……香津美の両親が沈痛な面持ちで座っていた。

〈娘のつれ合いが、こんなにあっという間に死んじゃあねぇ……〉

弔問客の間では、義父母にも同情が寄せられていた。

ただ、義父母は時折、笑みを浮かべていた。

自分の実子じゃないからと言っても、一人娘を嫁がせたばかりの娘婿の死を弔う葬儀である。

号泣する香津美が注目を集める陰で、押し殺すように忍び笑いをしている姿には、どうしても違和感を禁じ得ない。

猛は兄の遺体が納められた棺の前で、目を真っ赤にしていた。

通夜で随分泣いたらしい。

仲のいい兄弟だった。

「小枝子姉……忙しいのにわざわざありがとう」

小枝子は猛の手を取って励ました。

「大変だと思うけど……俊ちゃんの分まで猛ちゃんがしっかりしなくちゃね」

「分かってる。俺が兄ちゃんの分まで頑張らないと……」

そう言って、猛は目尻を擦った。

小枝子は、俊と最後に会ったときのことが気になって仕方がなかった。

俊は自分にだけしか話していないようなことを言っていたし、こんなことになってしまった今、その話を持ち出すのは気が引けた。

ただ、もしかしたら猛には何か話していたかもしれない。

「猛ちゃん……何か聞いてた？」

「うん」

小枝子は緊張して声を潜めた。

「何て？」

「……お前は気を付けろ」

猛は唱えるように言った。

「兄ちゃんが首を吊る前の日、俺んところに来たんだ」

小枝子の所を辞した直後、家には帰らずに猛の元を訪れたようだ。

「それで、〈お前は気を付けろ〉って。そう言うんだ」

久しぶりに会った兄は酷く痩せこけていた。

その様子には驚いたのだが、様態とは裏腹に酷く陽気で元気そうだった。

「何だかテンションが高くてさ。まさか、その後首吊るなんて思いもしなかった。だのに、俺にはやたらしつこく言うんだ〈お前は幸せになれ〉って。俺は〈お前も、の間違いだろ〉って聞き返したくらいだよ」

小枝子は黙って頷いた。

「それで、あんまりしつこいから、なぜって聞いた。そしたら〈──俺は失敗したから〉

俊はそう言った。

小枝子は、俊の胸の内を察した。

やはりあの結婚生活を俊は失敗だと考えていたのだ。

弟思いの俊は、結婚を間近に控えた猛にエールを送ったのだろう。

「それで、〈俺は駄目だったけど、お前には幸せになってほしいから〉って言って、挙げ句にこんなもんをくれたんだ」

猛は懐から小さな小袋を取り出した。

それは、手縫いの小さなお守りだった。

ハンカチか何かを縫い合わせたのだろうか、恐らく俊の手製だろう。

手に取ると酷く軽い。

「これ……中は見たの？」

「いや、見てない。兄ちゃんが〈中は見るな〉って」

小枝子は、気になった。

そこに何か手掛かりがあるような気がしたのだ。

それも、とびきり嫌な。

「見ようよ」

「いや。見ない。兄ちゃんが〈見るな〉って言ったんだ。それが兄ちゃんの遺志だと思うんだよ。あの人、遺書も書いてないし……今になってみると、それが遺言なのかもしれないって、そんなふうに思えて……」

猛は、小枝子の提案を頑なに拒むと、白いお守りを大切そうに懐にしまい込んだ。

「俺のほうももうじき結婚するし。本当は兄ちゃんにも式に来てもらいたかった。まさか、その前に俺がこんな式に出ることになるとは思いもしなかったけど……」

「そう。そうね……」

「兄ちゃんには叱られるかもしれないけど、こんなことあったばかりだから俺は式は見送ろうかと思ってるんだ。そのことはウチの奴とも話してあってさ。とりあえず来月辺り籍だけ入れることにしようや、って」

猛は、自分に言い聞かせるように繰り返した。

〈兄ちゃんの分まで幸せになる。それが、俺にできる供養だと思うんだ〉

俊の葬儀から二カ月ほど経った、二〇〇四年一月。

小枝子の元に写真付きのハガキが届いた。

型どおりの〈結婚しました〉という文面を印刷したハガキには、猛とその奥さんのスナップ写真があった。詳細は何も書かれていない。籍だけ入れたのだろう。


二〇〇四年七月。

小枝子の元に、猛に関する報せが届く。

結婚を知らせるハガキからちょうど三カ月経ったその日に届いたのは、訃報だった。

「何で！　いつ！　どうして！」

前と同じく、急報を告げてきた実家の母親は言った。

〈昨日だって。母さんもビックリしてるのよ。俊ちゃんがあんな死に方したばっかりなのに……猛ちゃんも首吊ったらしいの〉

猛は俊と違って暮らしているところが遠かったし、結婚を知らせるハガキ以来、何の音沙汰もなかった。

だから、最初の頃にあった胸騒ぎのようなものも、すっかり忘れていた。

それだけに、突然過ぎた。


俊と猛の父母は、言葉もない様子だった。

そうだろう。

たった半年の間に、兄弟が相次いで同じ死に方をしたのだ。

火葬場でお骨が焼けるのを待つ間、親戚の誰もが沈痛な面持ちで押し黙っていた。

小枝子には、後悔ばかりがあった。

俊のことを話して猛に何らかの忠告を与えることができれば、もしかしたら猛の自殺は防げたかもしれない。

もちろん、小枝子が俊の死について全てを知っている訳ではないし、俊の話を猛にしたところで猛がそれを素直に聞き入れたとは思えない。忠告をしようにも、有効な意見など小枝子自身何も持っていなかった。

謎ばかりが残る従兄弟の相次ぐ死の前に、小枝子は無力を悔いるより他に為す術がなかった。

伯父達と顔を合わせているのが辛くて、ホールの外に出た。

そこには、やりきれない顔をした先客がいた。

「遺書……猛も書いてなかったんだって」

綾部祥二は、そう言って短くなった煙草を踏み消した。

祥二は猛とは学年が同じだった。

亡くなった二人とは特に気が合ったようで、親戚の集まり以外でも度々顔を合わせる仲だった。

「猛んち伯父さん、大変だよな。去年、俊ちゃんが死んで……兄弟二人しかいないのに二人も似たような死に方してさ」

小枝子が黙っていると、祥二は間が持たないのか新しい煙草に火を点けて続けた。

「猛なんか三十三になったばっかりだったんだぜ。男の厄年はもっと先だってのに」

そういえば——俊も三十三で死んだ。

二人続けて、兄弟揃って。

二人とも首吊り。

二人とも結婚したばかり。

二人とも、結婚から三カ月目の自殺。

何かの符合か？

「なあ……」

止めどなく考え始めかけたところで、祥二の一言に呼び戻された。

「小枝子姉。俺、もしかしたら猛を助けてやれたかもしれん」

「どういうこと？」

「あいつ、そんなに思い詰めてるとは思わなかったから気付いてやれなくて……猛、首吊る直前に、俺んところにきたんだよ」

俊のときと同じだ。

「何か言ってなかった？　何か、伝言のようなこと……」

「うん。言ってた。〈俺は結婚を急ぎ過ぎた〉って言うから、新婚生活がうまくいってないのかと思って」

それも同じだ。

「それで〈祥二には幸せになってほしい〉って、何かそんなことを言ってて……」

胸騒ぎがした。

「ねえ、ちょっと待って。猛ちゃんから、何か貰わなかった？　お守りとか……」

「お守り？　何だいそれ」

「……知らないなら、いい」

ああ、でも……と祥二は左腕を捲って見せた。

そこには、腕時計が一つ巻かれていた。

安物というほどでもないけど、とりたてて高級品という訳でもない。スチールのボディにカレンダーが付いた、何処にでもある割と使い込まれた自動巻きの時計だ。

「猛がくれたんだ。何で急にって思ったんだけど〈貰ってくれ〉って」

猛は自分の腕から外して、祥二の腕に自ら着けた。

「何か、脈絡が分かんねえから返そうと思ったんだけど、頑として受け取らないんだ。しょうがないから〈預かっとく〉って言って受け取ったんだけど……結局これが形見になっちまった」

小枝子は、今ひとつの符合を確かめるべきか否か、悩んだ。

が、確かめずにはいられなかった。

「ねえ、祥ちゃん。あのう……もしかして、近々おめでたい話が控えてたり、する？」

「あれ？　何で知ってるの？」

やっぱり。やっぱり。やっぱり！

「こんなときに何だけど、今年の夏に結婚するんだ、俺。だから……」

祥二は、死んだ従兄弟を偲《しの》んで時計を撫でた。

〈だから、俊や猛達の分まで幸せにならないと〉

新婚の部屋

綾部兄弟の相次ぐ死について話を聞いたのは、二〇〇四年の七月のことである。

ちょうど、綾部祥二の結婚式を翌月に控えた時期に当たる。

この時点では「奇妙な符合だな」と思うに留まった。

結婚。

行動の変化。

間近に結婚を控えた親しい人に何かを渡す。

〈俺は急ぎ過ぎた〉

〈お前は幸せになれ〉

そして首吊り。

確かに奇妙だ。

このことについて小枝子は怯えていたし、何より祥二の身の上を心配していた。

猛のときとシチュエーションが似過ぎている。

綾部祥二夫婦のアパート

俊や猛と同じことが、祥二の身の上にも起こるのではないか。

そう案じたのである。

「従兄弟の……このことについて人に話すと、もうそれだけで体調が悪くなってくるのよ。何だか、話すのも聞くのも嫌っていうかね……問題あるのかしらね」

当初、綾部兄弟の不審死についてだけでも〈怪談〉としては十分だと思っていた。

少し長尺の話になりそうだったが、本書になら収録できるだろうとも踏んでいた。

この上、まだ何かあったらそれは洒落にならないだろう、と。

だから、半信半疑で頼んだ。

「動きがあったら教えて下さいよ。その、三人目の方の無事を見届けたい気もしますね。何もなければそれに越したことはないですし」

「偶然だってことにしたいけど、ね」


二〇〇四年八月十日。

祥二の結婚式が段々近付いてきた。

確か、今月の後半には入籍すると言っていた。

小枝子は、猛のときに俊のことを切り出せなかった後悔が生々しく蘇り、いても立ってもいられなくなった。あの〈腕時計〉がどうにも気掛かりなのだ。

電話を掛けてみることにした。

――トゥルルルル、トゥルルルル、トゥルルルル……。

呼び出し音が続く。遅い時間だから大丈夫と思ったが、留守のようだ。

諦めて受話器を置こうとしたところで、繋がった。

「あの……」

電話口から女の声が聞こえた。

〈…………、…………、…………〉

よくは聞き取れない。ぼそぼそと小声で応答している、ような感じだった。

婚約者かな?

〈………、……もしもーし！〉

囁きは、祥二の声に変わった。

「小枝子だけど、今、電話おかしくなかった？」

〈やあ、変だったね。何かずっと歌声がしてたんで、間違い電話か悪戯かと思って、電話切っちゃうところだったよ〉

「歌声？」

〈うん。あしあしとか、ふんふんとか、そういう感じの抑揚のない陰気な鼻歌みたいな感じだったなあ〉

　俊の聞いた〈声〉と同じものかどうか、小枝子には確かめる術はなかった。

〈ところで、何の用？〉

「あ、うん。この間の、猛ちゃんの時計。あれ、今どうしてる？」

〈ああ、あれ？　普段使ってるよ。なかなかいい時計だよ〉

　祥二は、肌身離さず持ち歩いている、という。

〈あの時計には、猛が宿ってる気がするんだよね〉

　ドキっとした。

〈あれをしてると、何だかやたらツいてるんだよ。自販機で当たりが出るとか、パチンコで勝つとか、小銭を拾うとか、まあそんなささやかなことなんだけどさ。猛が「幸せになれ」って言ってくれたのが、反映されてるって感じ。これ付けてれば怖いもんはないってくらいだね〉

　変だ。

　あの時計には、何か〈嫌〉なものを感じた。

自殺のリレーの鍵になっているのでは、と疑っていた小枝子は、拍子抜けした。

が、同じ後悔をこれ以上することになるのも嫌だった。

「あのさ、ちょっと真面目な話なんだけど聞いてくれる？」

小枝子は、まず俊の話をした。

他の誰にもしてこなかった話だ。俊の様子、俊が死の直前に猛にお守りを託したこと。

そして、猛の死。

胡散《うさん》臭く思われないよう、少しずつ話す。

「呪いとか祟りとか、そういうものが私の思い過ごしならそれに越したことはないと思う。でもさ、二人とも亡くなってる訳でしょう。理由も分からないままで。迷信深いと思われても仕方ないけど、私は手掛かりはそれしかないと思ってる」

〈……それじゃ小枝子姉はどうしろっていうの？〉

「その時計、お寺とか神社に納めたほうがよくない？」

そう切り出すと、祥二は断った。

〈やだよ。だって、これ着けてたって別におかしなことは起きてないんだし、むしろいいことばかり起きてる。それに……これは猛の形見だし〉

「でも……」

〈仮に何かあるとしても、この時計を持っていれば猛が俺を守ってくれると思うんだ。だって、猛はそのためにこれをくれたんじゃないのか？　俊ちゃんだって猛を守るためにお守りを渡したんだと思うし。だから、この時計は俺が持っとく。いや、俺が持っているのが猛の本望だと思う〉

「でも……」

〈――小枝子姉、くどいよ！〉

電話は、切れた。

その晩。

小枝子は夢を見た。

しゃがみ込んでいる祥二。

その腕に、子供がじゃれつくように俊がぶら下がっている。

その首に、腕を回して猛がしがみついている。

俊と猛以外にも、何かがまとわりついている。

それらは、祥二の手足を愛おしそうに頬ずりし、祥二の姿を埋め尽くすようにへばりついていた。

小枝子はそれに向かって大声で叫ぶ。

〈祥ちゃんから離れて！　やめて！　お願い！〉

しかし、それを上回るほど大きなざわめきが、小枝子の叫びを飲み込み、埋もれていく祥二に小枝子の声は届かない。

「やめてぇーっ！」

小枝子は、自分の絶叫で目を覚ました。

隣で寝ていた夫は〈ううん〉と小さく寝返りを打った。

夢だ。

夢から覚めた、という自覚はあった。

しかし、本当に目が覚めているという自信はなかった。

夢の中で聞いたあのざわめきが、まだ聞こえていた。

――ヴーんー、ヴーんー、ヴーんー。

何百人もの人間が唸りを上げているような、頭が割れるようなノイズが一際大きく聞こえた。

「……！」

小枝子が両耳を押さえた、そのとき。

——ヴわん！

音は消えた。

翌朝、小枝子は倒れた。


二〇〇四年八月二十一日。

「その後、お身体の具合はいかがですか」

ほんの数日のことだが、小枝子は入院していた。

祥二に電話をした翌日から、あまり具合が良くないと聞いている。

「良くはないわねぇ。すぐに退院できたからいいんだけど」

「……無理言ってすみません。その後、祥二さんは」

「今のところ無事みたいよ。ただ……」

痩せた、のだという。

当人は至って元気だ。

祥二は元々中肉中背で、落とす脂肪など見当たらない。

そこから、更に痩せた。

食欲が落ちている、という訳ではないらしい。

食べる量は多い。今までより、多いくらいだ。

ただ、好みが変わった。

「あるじゃない、嗜好《しこう》が。それが変わってきてる。確か、肉とか苦手だったと思うんだけど」

また、精神的にナーバスになっているのか、突然怒り出すことがある。

以前の祥二はもっと穏和な性格だったように記憶している。

それが、人が変わったように……正に、そう表現するのがふさわしいくらいに、百八十度変わってしまった。

「夜中に魘《うな》されたりもしてるらしいのよ」

呻き声が絶えない。

心配した家族が様子を見にいくと、また怒る。

「〈何、覗いてるんだ!〉って、そりゃ凄い剣幕で」

あのことが、気になった。

「……それで、あの時計はどうしました?」

「まだ身に着けてるみたいよ。それこそ、肌身離さずね」

披露宴は二十八日という話である。

小枝子は、特に親しい親戚ということで夫婦揃って出席することになった。


二〇〇四年八月二十八日。披露宴当日。

この年は、未曾有《みぞう》の台風ラッシュであった。

沖縄から九州、四国、本州、東北……と、日本を縦断したり、日本を直撃するコースを辿る——それも大型の台風が次から次へと飛来した。

披露宴の開催は、数日前から難航が予想されていた。

この披露宴の当日、超大型の台風十六号がこの辺りに上陸するという予報が出ていた。記録的な豪雨と暴風は上陸前から既にその牙を剥いており、披露宴の開催どころか参列者が式場に辿り着くことすらも危ぶまれた。

異例の話ではあるが、式場側から〈後日に振り替えてはどうか〉という申し出があったくらいだ。

しかし、新郎は頑として譲らない。

「いや、駄目だ。二十八日に式をやるんだ」

祥二の婚約者も、家族も、一応は反対した。
しかし、もはやそうした忠告に耳を貸すような人間ではなくなっていた。
披露宴は嵐の中、強行された。
予想通り豪雨と強風で式場まで辿り着けない参列者が続出し、用意されたテーブルには
ちらほらと空席が目立った。
高砂に座る祥二は、異様なほど痩せ細っていた。
目ばかりがギラギラしていた。
怒っているのでも、見開いているのでもない。が、怖い。
妙に濁り、血走っている感じがした。
お色直しで新婦が席を外している間、新郎にビールを注ぎにいった。
握ったグラスを突き出す祥二の腕に、あの時計はなかった。
〈よかった……〉
小枝子は少しだけ安堵して、当たり障りのない祝辞を言い席に戻った。
披露宴が終わっても、結局全てのテーブルは埋まらなかった。
引き出物を受け取って式場の出口に向かうと、新郎新婦が参列客に挨拶をしていた。
祥二は小枝子の姿を見つけると、駆け寄ってきた。

「小枝子姉、来てくれてありがとう」

「う、うん。こんな日に、大変だったね」

「いや、そんなことない。今日はとてもいい披露宴になったよ。猛のおかげだ」

祥二はそう言って腕を捲って見せた。

小枝子の前に突き出された腕に、あの〈猛の時計〉が巻かれていた。

ゾッとした。


「……写真は撮りましたか？」

「撮ったわよ。結婚式だからね。参列者少ないからカメラマンも少なくて、特等席で撮り放題よ。親戚とか、少しでも撮っておいたほうがいいかと思って、デジカメだけどたくさん撮ったわ。祥ちゃんとその腕時計もね」

残念ながら、その写真を小枝子から見せてもらうことはできなかった。

撮影したその場で保存を確認し、小枝子の自宅に持って帰ってデータを吸い出そうとしたところ、メモリが壊れていた。

二〇〇四年九月十三日。

結局、台風は途切れなく押し寄せてきた。思えば、この年の九月下旬から十月に掛けて、晴れた日を探すほうが難しいくらいだった。

台風の影響で、新婚旅行の日程もずらすことになった。

旅行から戻ってから新居に引っ越しというつもりでいたのだが、そうした事情から先に引っ越しをしてしまうことになった。

小枝子が電話を掛けてみると、祥二の妻が出た。

「もしもし、ああ、由美さん？　祥ちゃんいる？」

由美は、〈ハイ〉と小さく答えて、すぐに祥二と替わった。

「新婚旅行延びちゃって残念だったね。新婚生活はどう？」

祥二は不機嫌そうな声で言った。

〈このアパート、最悪だ〉

「どうしたの」

訊くと、〈うるさい〉らしい。

祥二と由美が結婚に合わせて市内に借りたアパートは、新婚生活にふさわしく２ＤＫのささやかな部屋だった。

最初の晩、荷物は殆ど運び込んであったのだが、張り切って働いたせいか疲れて荷ほどきをするのが億劫《おっくう》になってしまった。

〈まずは蒲団だけでも〉ということで、蒲団だけ出して横になった。

が、すぐには眠れなかった。

浴室から異音が聞こえる。

――ごっ、ごっごっ、ごっ、ごっ、ごごっ。

水音ではない。

祥二は、隣で横になっている由美に声を掛けた。

「なあ、何か聞こえないか」

「そうね。聞こえる」

二人は顔を見合わせた。

祥二は起きあがり、灯りを点けて様子を見にいった。

浴室のドアが開いていた。

「おい、風呂の戸が開いてるぞ」

「え、閉めたはずだけど」

「開いてるもんは開いてるんだ」

祥二は中を覗いた。浴室用具も出していないため、当然、何もない。

がらんとした浴槽を確かめると、再び寝床に戻った。

――ごっ、ごっごっ、ごっ、ごっ、ごっ、ごごっ。

また、音がした。


同じことは毎晩起きた。

〈寝不足なんだよ。おかげで〉

祥二の不機嫌と、由美の疲れた声はそれが原因であるらしい。

〈多分、欠陥住宅なんだと思う。ウォーターハンマーって奴さ〉

祥二は、水道管の破裂に繋がる欠陥の例を挙げた。

〈新婚旅行から戻ったら、不動産屋に文句言ってやろうと思ってる〉


新婚旅行はハワイ。

出発前に、祥二から小枝子に当てて電話があった。

〈小枝子姉、頼みがあるんだけどいいかな〉

「何？」

〈俺達がハワイに行ってる間、うちのアパートの様子を見てくれないか？〉

「ああ、空き巣対策ね？　いいよ。近いし」

〈いや、違う〉

祥二は即答した。

〈隣の奴が悪さしないように、だよ〉

「なぁに、それ。お隣と仲悪いの？」

祥二の声色が変わった。

〈隣の奴、頭がおかしいんだよ。夜中にうちに何回も怒鳴り込んでくるんだ。「うるせえよ！　夜中に何やってんだよ！」とか言って〉

明らかに怒気を孕んだ、とげとげしい口調になっている。

〈こっちが寝てるのに、怒鳴り込んでくるんだ。うるさいのは隣のほうなんだよ。あいつ、多分頭がおかしいんだよ。新婚生活を狂人の隣で送らなくちゃならないなんてツイてない〉

あの時計をしてたらツイてるんじゃないの——と言いかけて、やめた。

つけいる隙などなかった。

〈ああいう奴はさあ、こっちに非がなくても勝手に逆恨みしてきそうだしさ。俺達がいな

い間を狙って、悪戯とか嫌がらせするかもしれないから。頼むよ〉
「ん……うん。分かった」
小枝子は了承して、電話を切った。
が、なぜそんなことを自分に頼むのか、それがよく分からない。

二〇〇四年九月一六日。

小枝子は、祥二のアパートに行ってみることにした。

まだ新しいと聞いていたが、新築同様だった。

駅にも近く、周囲も綺麗だ。アパートのアプローチの周辺は管理人がまめに掃き清めているようで、ゴミ一つなく荒れた感じもない。

管理人に頭を下げると、人の良さそうな笑みを浮かべて返礼してきた。

祥二の部屋は、二階の突き当たりにあると聞いた。

部屋の前まで行ってみると、ドアの真ん中に和紙のようなものが貼り付けてあった。

〈いるぞ〉

筆ペンのようなもので、大きく書かれている。

旅行中、隣人を威嚇しているのだ。
小枝子は息を呑んだ。
電話口で言った、祥二の言葉が蘇ってくる。
〈隣の奴、頭がおかしいんだよ！〉
おかしいのは、本当に隣人なのだろうか。

祥二がハワイから戻ってくるまでの間、まだ数日が残っている。
あれ以来、祥二の家の様子は見にいっていない。
怖いのだ。
何か、自分にも何か起こりつつあるのでは、という恐れが強くなった。
実際、異変は起きた。
寝室の扉が勝手に開くようになった。
最近、夜中にフイと目が覚めることがある。
小枝子は眠りは深いほうで、夜中に目が覚めることはこれまでにはあまりなかった。
それが、祥二の部屋を見にいって以来、ほぼ毎日のように夜中に目が覚める。
そのうち、天井と床下から音が聞こえるようになった。

――かりかり、かりかり、
何かを引っ掻いている。

これはネズミだろう、と思う。

ある日、小枝子はいつもより遅い時間に帰ってきた。

家族はもう寝ているだろう、と忍び足で寝室の前を通りかかると、閉まっていた寝室の扉が、廊下側に向かって〈ふわり〉と開いた。

風など、ない。

立ち止まり、扉を凝視する。

細く開いた扉の隙間から、白く細いものが〈にゅにゅ〉と突き出された。

それは五本。

指だ、と分かるのに数秒掛かった。

小枝子が理解するのを待ちかまえていたように、指は寝室の中にするりと引っ込んだ。

――パタン。

扉は目の前で閉まった。

二〇〇四年九月二十四日。
真夜中に、小枝子の携帯が鳴った。
祥二だ。
マナーモードにしたまま電話を取らないでいると、コールは数回で止まった。
こんな時間に祥二の声を聞くのは嫌だった。
コールはもう一度だけ短く鳴って、切れた。
――メール着信。
祥二からだ。
〈――小枝子姉、聞いてくれよ。
何か、出るんだよ。この部屋。
隣の部屋の奴、あいつはうるさいし、風呂場――あれも駄目だ。
どんどんどんどん、うるさい。
夜中に目が覚めるんだ。
そうすると、蒲団の下から白い手が出てる。
俺が寝てる蒲団の下から、だ。
寝室にしてる部屋のドアが壊れてやがる。

勝手に開くんだ。ノブが回ってな。
勝手にノブが回る、酷い欠陥だ。
開いたところには、誰かいる。誰だか分からない。
いや、分かる。隣の頭がおかしい奴だな。間違いない。
枕元に首があったりとか。
これも隣の奴がやってるんだと思う。非常識だ。奴は狂人だからな。
由美は、あいつは音しか聞こえないって言うんだ。
分かってない。あいつ、分かってないよ。
ああ。駄目だ、この部屋。何もかも駄目過ぎる――〉

――嵐の披露宴から、そろそろ一カ月経つ。

二〇〇四年九月二十九日。
この日もまた、酷い台風だった。
午後過ぎ、小枝子の自宅の電話が鳴った。

注意深く電話を取った。

「……もしもし？」

〈――すみません、由美です〉

由美は酷く動転していた。

「どうしたの？」

〈そちらに、祥二は伺っていないでしょうか〉

「来てないけど……だって、こんな酷い天気だし」

〈そうですか……〉

由美の落胆が、受話器を通して伝わってきた。

「何かあったの？」

〈お昼前に飛び出していっちゃって、それっきり戻ってないんです。何だか分からないんです。「わあああ」って大声出して、本当に飛び出して。財布も持ってないと思うし、それどころか裸足だし……〉

喧嘩をしたという訳ではなかった。

ただ、本当に突然叫んで、突然立ち上がって、そのまま台風の最中に飛び出していってしまった。

〈すみません……本当にすみません……もし、そちらに顔を出したら、連絡を下さい〉
分かった、と電話を切った。
祥二が現れるのを待った。
でも、現れてなどほしくなかった。
そろそろ日付が変わろうか、という頃、由美から電話があった。
〈お騒がせしました。さっき帰ってきましたので……〉
何処に行っていたのかは分からない。
祥二は一言もそれを口にしなかった。

二〇〇四年十月十四日。
台風の一件以来、由美は時々小枝子に電話を掛けてくるようになった。
祥二のことについて他に話せる人がいないから、というのが主な理由のようだった。
あれ以来、祥二の様子は変わった。
いや、あの時計を受け取った辺りから、もうおかしくはなり始めていたと思う。
が、そのことを知らずに祥二に近くで接してきた由美から見ても、明らかな変化が始まっていた。

嵐の中から戻ってきた祥二は、少し無口になった。

口を半開きにして部屋の隅をぼんやり見つめたまま、何も言わずに何時間もずっと同じ姿勢で過ごしていることが多くなった。

かと思えば、夜中に大声を出して壁を蹴る。

「隣の奴が、うるせえんだよぉぉぉ！」

そう言いながら蹴り破らんばかりの勢いで蹴るのは、角部屋の外側。

つまり、誰もいない側の壁だ。

〈私も、音を聞くぐらいはあるんです。たまにですけどね。でも、あの人は違うみたいで……〉

祥二には、はっきりと何かが見えているようだった。

話し声がするので〈いつの間にお客が？〉と思って茶を入れて戻ってくると、誰もいないところに向かって、何かを話している。

独り言のようにも見えるが、明らかに誰かと〈会話〉をしている。

そうかと思えば、読んでいた雑誌を突然壁に向かって投げつける。

気に入らない記事でもあったのかと驚いていると、その雑誌を投げつけた場所まで行き、壁に向かって怒鳴りつける。

〈あの人……結婚する前はあんな人じゃなかったんです……〉

小枝子は、由美にアドバイスをしよう、と思い立った。

「由美さん、祥ちゃんが大切にしてる腕時計、知ってる？」

〈ちょっと前までいつも着けてた時計ですか？　亡くなった従兄弟の形見だって……〉

「そう！　それ！　私が知る限りでは、祥ちゃん、その時計を受け取ってからおかしくなりだしてる。その時計、捨てたほうがいいと思う」

〈探してみます〉

由美は、短く言って電話を切った。

頼れるものなら、何でも頼りたい。

試せることは、何でも試したい。

由美も必死だった。

電話はすぐに鳴った。

〈探したんですが、何処にもないみたいです〉

「着けていってるのかな」

〈最近、あの時計をしているの見かけないんですよ……でも、もう少し探してみます〉

結局、時計は見つからなかった。

二〇〇四年十月十八日。

本書の発行時期について編集部より相談を受ける。

当初、もっと早くに出したいという話だったが、こちらから延期を願い出た。

「今、進行中で聞いている話があります。この話を載せるかどうか、見極めたい。十一月いっぱいまで猶予が欲しいんです。それまで少し待ってもらえませんか」

それまで待ったからどうなると言うのか。

何かが起こるのではないか、という期待がなかったとは言わない。そうではないが、これについて扱うかどうかを見極めるためには、それだけの期日が必要だと、そのときは思った。それが当然であるかのように、期日が口を衝いて出た。

願いは聞き入れられ、ことの顛末《てんまつ》を最後まで見届けることになった。

この頃になると、祥二の奇行はますます激しさを増していた。

特に、失踪癖とも言えるような行動が頻繁に起こるようになった。

台風の日のように、突然家から飛び出していってしまうだけではない。

会社から家に戻ってこない。

又は、仕事に行くと言って出掛けていったのに、会社から「来ていないが今日は休むのか」と問い合わせがあったりする。

休みの日、由美が目覚めるともういなくなっている。

〈浮気をしてるのかな、とも思うんです。でも、帰ってくると様子が変で〉

そして深夜遅くに祥二は帰ってきた。

足下は泥だらけ。

足下だけではない。

背広で出掛けようが、寝着で出掛けようが、全身が泥と土にまみれた状態になっている。

そして、爪の間を真っ黒にしている。

土や毛がこびりついているのだという。

何をしているのか、祥二は依然として何も言わないが、その風体から「何をしているか」は想像が付いた。

地面に膝を突いて、手で土を掘り返しているのだ。

指先の皮膚は裂けて抉れ、生爪が剥がれていることすらあった。

毛は黒かったり茶色かったりで一様ではない。

人のものか、何か別の獣のものかは分かりかねたが、人間の髪のように長いものはなかった。

そして、戻ってくると深い深い眠りに落ち、目覚めるまでの間ずっと魘され続ける。

のど笛を掻きむしり、頭を抱え、涙を流して叫ぶ。

「助けて」

「許して」

「間に合わない、間に合わないよ」

「もういいかなあ」

「もういいだろう?」

「そうか、うん、そうか」

「俊んん」

「猛ぅぅう」

「ひぃ、痛い。痛い、痛い、痛いぃぃぃぃぃ」

「苦ぅぅしぃぃい」

譫言《うわごと》というには、あまりにもはっきりしていた。

何かに追われ、追いつめられている。

そうした情景を思わせた。

ひとしきり騒いだ後、毎回こう言って終わる。

「待ってくれ。もうすぐだから」

何がもうすぐなんだろう。

一体、何が。


二〇〇四年十一月二日。

仕事に出掛けていた祥二が、怪我をして帰ってきた。

左腕に包帯が巻かれている。

由美は驚いた。

「怪我したの？」

怪我の様子を知ろうと声を掛けると、祥二は荒々しく由美を振り払った。

「どうでもいいだろう！」

それっきり、口を利かない。

泥まみれのまま風呂に直行したかと思ったら、風呂から上がると自分で包帯を巻き直してしまっている。

左腕にどんな怪我をしているのかはまるで分からなかった。

ただ、左腕以外に負っている怪我のほうが酷く見えた。

深い切り傷や、擦り傷。それに痣《あざ》。

肩、背中、腿など、身体のあらゆるところに、傷がある。

だが、包帯を巻いているのは左腕だけで、その他の怪我にはおよそ頓着していない様子だった。

そして、壁に掛けたカレンダーをジッと見ている。

カレンダーの月末の辺りまで、ツツーとなぞり、そしてまた嗤った。


翌日、今度は頭に包帯を巻いて帰ってきた。

由美は、もう声を掛けることも躊躇うようになっていた。

訊いても怒るだけだ。

触れるのも、近寄るのも、同じ場所で時間を過ごすことも、何もかもが恐ろしくなっていた。

二〇〇四年十一月九日。

祥二の奇行は激しさを増していた。不意に姿を消したかと思えば、疲れた顔で戻ってくる。誰かに襲われたのか、自分で傷つけたのかは分からないが、身体中に無数の傷を負っている。そして、指の皮膚が捲れ、爪の中まで泥だらけになって帰ってくる。何処か、山にでも出掛けているのか、何かの穴を掘っているのか。

「その他には特におかしなことはないのよ」

それだけでも十分おかしいはずなのだが、この頃の小枝子は、そのことを既に「おかしい」とは認識しなくなっていた。

小枝子自身も、「些細な怪異」に見舞われ始めていたという。

祥二の様子は、祥二の妻の由美から何くれとなく聞かされてはいた。そのやりとりの殆どは電話で済まされ、祥二の家には殆ど足を運んでいない。が、小枝子自身の家でそれは始まった。

不意に身体が動かなくなる。寝ていても、起きていても。テレビを見ていて、椅子に座ったままでもそうしたことが起こる。金縛りだ。

「その程度のことは些細なこと」

疲れているんだ。そう思い込もうとする。

人の囁きが聞こえる。

夫と自分と小枝子の子供しかいないはずの室内から、家族以外の話し声が聞こえる。

そうかと思えば、子供が突然、

「はぁい！」

と大声で返事をする。

「何？　どうかした？」

訊ねると、子供はキョトンとしている。

「呼んだよね？」

「え？」

「だからお母さん、私のこと呼んだよね？」

呼んでない。私じゃない。

自分ではない誰かが、子供を呼んでいる。

「気のせいだよ」

と笑う。

子供を学校に送り出し、一息ついた。

そろそろお昼の支度でも……と腰を上げた。

細く開いたドアの隙間から差す光が、ちらちらと遮られる。人影が見えた。

半端な時間ではあったが、子供が帰ってきたのだと思った。

「誰？　忘れ物？」

返事はない。

ドアを開けるが、そこには誰もいない。いるはずがない。


「……まあ、こんな調子でね。大したことはないのよ。些細なことっていうか、怪異っていうほどのことは、うちには起きていない」

最近の祥二の様子などを、ぽつりぽつりと報告して小枝子は缶コーヒーを啜った。

よく晴れた日、運動公園の片隅でするような話かどうかはさておき、小枝子はいつになく饒舌《じょうぜつ》だった。

「こういう話があってさ」

祥二のこと以外にも、思い出すまま気が付くままに、怪異体験を話す。自分自身の話から、小枝子の友人から相談されたような怪異譚に至るまでを、「友達の話も聞いてやってよ」とばかりに、聞かれるともなく話す。

「祥ちゃんのこともそうなんだけどさ、人に話すと少し楽になるんだよね」

「ああ、精神的に?」

「確かに安心もするんだけど、それだけじゃない。人に話した後、数日くらいは体調もよくなるの。話さないでいると、駄目」

その話を聞く度に、こちらも体調が悪くなるんだけど……とは、まさか言えない。発散してもらうことと、その代わりに「何か」を引き受けることは、祥二の様子を聞くことの代償だと思って諦めていた。

秋晴れの午後の運動公園は、小枝子の昔住んでいた三角アパートの近くにあった。我々以外にも何人かの人々の姿が見える。我々は園内を見渡すセメント製の階段に腰掛けていたが、そこから見える並木道に幾人かいた。

木陰から半分ほど身体を出して、こちらを眺めている。距離にしてちょうど五十メートルほどだろうか。

カーキグリーンの服に赤いニットキャップのようなものをかぶっているが、距離が遠くて、顔形までは分からない。

木陰に隠れたり、身体を出したりしながらこちらを窺っている。というのは考え過ぎだろうか。赤いニットキャップを残して全身が見えなくなったりする様は、ちょうどかくれんぼの鬼を避けた子供が、木陰に身を隠しているようにも見える。

——何かスポーツをしにきた人が、準備運動でもしてるんだろう。

そうぼんやり考えながら、小枝子の話に耳を傾けていた。

「由美さんが言うには——」

小枝子は言葉を切った。

振り向くと、小枝子は微動だにせず一点を見つめていた。視線の先には先程の並木道。

「どうしました?」

先を促す。と、小枝子は叫んだ。

「怖い!」

極限まで引き絞られたバネが、突然開放されたような俊敏さで、文字通り弾かれたように走り出す。

「え!?　ちょっと!」

こちらの声など耳に入らない。小枝子はその場から正に脱兎の如く全力で〈逃げて〉いってしまった。事情がまるで分からない。

どうにか追いすがっていくと、小枝子は駐車場の隅に蹲っていた。膝を抱え、ガタガタ震える様子は尋常ではない。

しゃがみ込む小枝子に声を掛ける。

「どうしたんですか」

「いいから。ね。いいからもう出よう。ここは駄目だわ。早く出よう」

理由を何度訊ねてもそれに答えようとはせず、哀願するような目で訴え続ける。何か、差し迫った危機から逃れようとしている風にも見えた。

この日の取材はここまでと諦め、やむなく公園を後にした。

送っていく道すがら、小枝子は終始沈黙を続けていた。公園から大分離れたところまできて、ようやく重い口を開く。

「あそこにさ……たくさんいたよね」

「いたって、何が？」

「兵隊さん」

記憶にない。いたのは、例のニットキャップの人くらいだ。

「いたでしょ。並木のとこにずらって兵隊さんが並んでた。私達のこと、見てたじゃない」

知らない。そんなもの、見てない。

首を捻るこちらに構わず小枝子は続ける。

「いたよ。私には見えた。凄く怖いの。途中で気付いてさ。我慢しながら話してたんだけど、耐えられなくて」

　——なぜ？

「だって！　じりじり近寄ってきてたのよ！　あの人たち！」

　小枝子に見えただけでも、七～十人前後の兵隊がいたという。カーキ色の軍服をきた兵隊は、その誰もが包帯を巻いていた。どんな怪我かは分からないが、放っておいたら命に関わるような、そんな深手を負っているようであった。

「顔ははっきりしないのよ。でも、こっちを見てる。凄く強烈に見られてるってことは分かる」

　そこまで聞いて合点がいった。小枝子は勘違いをしているのだ。疲れていて何もかもが不安に感じられるのだろう。

「あー、分かりましたよ。並木のところに人いましたよね。確かに。赤いニットキャップかぶった人でしょ？　あれは普通に人間だと思います。その人こっち見てたし、それと勘違いしてるんじゃ……」

「違うよ！」

　小枝子は強い調子でこちらの言葉を遮る。

「何見てるの。ううん、見えてるじゃない。それも兵隊さんだよ。軍服着て……ニットキャップじゃない。頭に包帯巻いてたんだよ、それ」

人間じゃなかったのか……！


二〇〇四年十一月十一日。

二日後、小枝子からメールが届く。

ただ一行、こうあった。

『昨日部屋の隅に、例の赤いニットキャップ』

詳しく聞き返すまでもない。小枝子が見た〈兵隊〉達は、彼女の後を付いていったのだ。

そして、小枝子の元に居座った。それだけは分かる。

窓の外、網戸を触る音が聞こえているが、うちにも来ていなければいいと願う。

更にその翌日、再び小枝子から着信。

『家の中は落ち着いた』

……外で何が起きているのか、詮索する気力も起きなかった。

その直後、失踪していた祥二が帰宅してくる。頭に、包帯を巻いていた。

　二〇〇四年十一月一九日。

　小枝子は、祥二の部屋を訪れていた。

　新婚旅行の間に一度訪ねたきりで、それ以来、近寄らないように心がけていた。

　この日、この部屋に小枝子を招いたのは、祥二ではなく由美だった。

　部屋に、祥二の姿はない。

　仕事に出掛けているはずの時間だからだ。

　由美は言った。

「仕事には行ってないみたいです。さっき、会社のほうから連絡がありましたから」

　会社のほうもかなり焦れてきている様子で、「一度、当人と話し合いたい」と言ってきていた。

「私……もうどうしたらいいか……」

　小枝子の耳には、由美の言葉が半分くらいしか入ってこない。

　玄関から部屋に一歩足を踏み入れた瞬間、猛烈な頭痛と肩凝りに襲われた。

　頭と肩を鷲掴みにされたような気がした。

何とかそれに耐えて中に入ると、今度は平衡感覚が奪われるようなふわふわした気分になった。床を踏み抜きそうなくらい足下が柔らかくなったかと思うと、上下が一瞬分からなくなるくらいに足下がふらつく。

由美を心配させてはいけないと、何とか平静を装った。

居間のソファに座った。

由美が台所に立って茶を入れている間、部屋の中を見渡してみる。

それでも彼女がこまめに片付けているのか決して散らかってはいないのだが、何処か荒れ果てたように感じられた。

部屋はまだ新しいはずで、しかも越してきてさほども経っていない。そのはずなのに、妙に年季が入っているような錯覚に陥った。

真新しい白い壁には、何かをぶつけたのか染みがあった。

が、その染みがスッと動いた。

〈……あれ?〉

確かめようと、腰が浮き上がりかけたところで染みは消えた。

ぐらり、と視界が揺れる。

慌てて、ソファに腰を落とした。

やはり平衡感覚がおかしい。

——みちみちみち……。

何かが軋《きし》むような音が聞こえる。

台所とは反対側にあるサイドボードの上に、写真立てがあった。

結婚前、何処かにドライブにでも行ったときに撮ったのだろう。

幸せそうな由美と、今よりずっとふくよかな祥二が写っている。

その写真立てが、ぱたりと倒れた。

盆の上に急須と湯呑みを載せた由美が居間に戻ってきた。

「——ああ、またですか。よくあるんですよね。この家、欠陥住宅なのかな」

小枝子は〈そうね〉と笑った。

うまく笑えているかどうか、自信がなかった。

由美は小枝子の正面に腰を下ろすと、本題を切り出した。

「毎日、帰りが遅いんです。何処に行ってるのかも分からない。仕事には殆ど行ってないみたいです」

慰めるべきか。

「浮気じゃないっていうのは、分かるんです。だって、戻ってくると必ず泥だらけで、それにいつも怪我をして帰ってきます。そんな浮気ないと思いますしね」

由美は無理矢理笑おうとした。

小枝子もそれに無理矢理合わせようとした。

「でも、気になるのはそれじゃないんです。何か、小さいものを見てるんですよ。暇さえあれば。前に、小枝子さんが〈腕時計〉って言ってたでしょう？　だから、それかなって思ったんです。でも、それよりもっとずっと小さい。こう、ね。指輪とか、イヤリングとか、多分それよりももっと小さいものだと思います」

隠すように掌の上に載せてそれを見つめている、らしい。

「訊くと、怒るんです。いえ、近付くだけで怒り出すんです。もう、凄い剣幕で……」

由美の話は、小枝子の頭の上のほうを滑っていくだけで脳には何も入ってこなかった。上の空で、うん、うん、と相槌を打つのが精一杯だった。

「小枝子さん、顔色悪いですよ。大丈夫ですか？」

小枝子は頷いて、出されたお茶に口を付けた。

酸っぱい。

飲み込めない。

まるで、酢を温めたような味がした。

由美は顔色一つ変えずに同じものを飲んでいる。

脂汗が浮いているのが、自分でも分かった。

「……ごめん、ちょっと……具合悪くなってきちゃった……」

話を強引に切り上げ、ソファから立ち上がった。

再び、ぐらりぐらりと視界が揺れた。

逃げ出すように由美の元を辞した小枝子は、アパートを飛び出すなり吐いた。


二〇〇四年十一月二十七日。

由美から小枝子あてに連絡が入った。

昨日から帰ってこない。

携帯にも繋がらない。

どんなに遅くなっても必ず夜には戻ってきていたのが、日が替わっても戻らず、今もって連絡が取れない。

〈小枝子さん、もう駄目でしょうか。警察に相談したほうがいいんでしょうか〉

ここに至って祥二の完全失踪を巡って、彼の実家の両親と由美とで膝を詰めた話し合いに入った。

由美からの相談を受けて、これまでの推移を少なからず知っている小枝子にも来てほしい。心当たりがあれば、何でも構わないから教えてほしい。

由美の懇願《こんがん》する声が、遠くに響いている。

——全てが遅きに失したのだ。

ここに来て小枝子は覚悟を決めた。

二〇〇四年十一月二十九日。

小枝子から、事の次第を説明するメールが届いた。

「やっぱり首吊ってたよ——」

由美と祥二の両親は、失踪した祥二を夜通し探し回った。

〈いつも、泥だらけになって帰ってくる〉

由美のその記憶から、祥二の父親は〈山じゃないか〉と思い当たった。

祥二の実家は山を一つ持っていた。

仲の良い従兄弟達と、子供の頃によく遊んだ。

土地勘のある場所といったら、そのくらいしか思い当たらない。

そう思って、捜索範囲を広げた矢先のことだった。

山の入り口辺りに、祥二の車が乗り捨ててあった。

中を覗くと、履いて出掛けたはずの靴が運転席の下に置きっぱなしになっている。

「近くにいる」

声を出して祥二の名前を呼び、陽の傾き出した山の中を落ち葉を踏みながら歩いた。

林道から幾らも行かない林の中で、祥二は揺れていた。

服はいなくなったときのまま。

由美には、祥二の顔をじっくり見る勇気はなく、地上に届きそうで届かない足ばかりを見ていた。

裸足で泥まみれ。

両親が縄を切って、祥二の亡骸を地面に下ろした。

靴下は丸めてポケットに突っ込んであった。

祥二の母は、覆い被さって泣いていた。

その身体の陰から見えている祥二の左腕に、あの時計があった。

ガラスは割れて、文字盤も針もなくなっていた。

祥二は、死の直前、誰かに会いに行ったのだろうか。

何かを託して、その人の幸せを願っただろうか。

──俺は駄目だったけど、お前は幸せになれ。

そんな祈りを込めたのだろうか。

そもそも本当にそれは祈りだったのか？

小枝子は、割合明るかった。

「祥ちゃん、私のところには幸せを祈りに来なかったからね。だから、私は大丈夫。次は誰かな。その人、どうなるのかな」

初期の予想……いや。俊と猛の顛末を聞いたときから、こうなることを小枝子はいつからか、心の何処かで期待していたのかもしれない。三カ月目に何かが起こる、それも喜ばしくない結末が来る。それは期待通りに起きたと言っていい。それが起こることは、祥二にまとわりついていた因縁から、小枝子自身は解放されることを意味するのだと信じていた。

祥二の通夜を終えた後からしばらく続いた小枝子からのメールについて、メモが残っている。

「祥ちゃん死んだのに変なことはずーっと続いてる」

「ニットキャップの連中、あいつらあたしんちにまだ居座りっぱなし。とっとと出てってほしいっていうか」

「部屋が臭いのよ。生臭い。何かいい消臭剤知らない？」

「坊さんが玄関に来た。托鉢《たくはつ》っていうの？〈あんたんとこ、大丈夫か〉って。乞食坊主が！絶対金目当てだと思って、塩撒いて追っ払ってやった。ざまーみろ」

小枝子からの消息が途絶えたのが二〇〇五年六月頃。

赤いニットキャップ――包帯を巻いた兵隊と祥二の死の間に、何らかの関わりがあったのかどうか。それすらも分からない。

これを最後に、もう関わりたくない。

あの話の続き

「香津美の実家」「新婚の部屋」を初出収録した『「弩」怖い話2』の後書きには、「一連の異様な連鎖は、どうもまだ終わっていないようだ」とだけ書いた。

実際、当時はそれ以上あの話に関わりたくはなかったし、続きを書く意図もそのときにはなかった。

が、三人目の死後、何が起きたのかについて、僅かながら後日談に相当するようなものがもたらされた。

僕にとっての怪談は、忌まわしい事柄を封印することではなく、全て解き放ち、さらけ出し、打ち明けることにある。それこそ、障りのありそうな話を自分の手元で留めておくことは本意ではない。だから、知りたくはなかったけど知ってしまった事柄について、打ち明けておきたくなった。

小枝子

　小枝子はその狂おしい体験から正気を保ったまま逃げ出すことに成功していたかどうかについて。

　彼女の従兄弟の連鎖的自殺についてお話を伺い始めた当初、小枝子はきちんとした話ができ、世間的常識を持ち、潔癖な倫理観を持つ、ごく真っ当な人物であった。

　通常、こうした体験談は、全てが決着した後に語られる。つまりは、体験談はその全てが後日談のようなものだとも言える。しかし、この連鎖的自殺についての話は、リアルタイムに変化や状況が伝えられてくる訳で、話を聞く側にとって小枝子は頼りがいのある高性能なセンサーであったとも言える。

　三人目の犠牲者の進行中の情報を漏れ伝えていただいた頃、小枝子は「部屋に出る」という話をしきりとしていた。

　三人目の結末を伝えてきた後、彼女の部屋の隅に赤いニットキャップのようなものをかぶった人影が出るようになった、という。これについてはすでに触れた。

「膝を抱えしゃがみ込んでいることもあれば、物陰にずっと佇んでいることもある。時折、視界の端に赤いものがちらちらすることもあった」

　四人目の話は三人目の犠牲者の高校時代の友人らしい、ということはこの頃に聞いた。

が、直接の知り合いではない人物に対象が移っていってしまったため、四人目のその後の詳細は小枝子から追うのは難しいと判断し、『「弩」怖い話2』に収録するのを三人目までと定めて、執筆に入った。


しかし、その後も小枝子からの不連続な「報告」が続く。

初めてお話を伺った頃と比べて、小枝子の様子が少しずつ変わってきていることに気付いたのもこの頃。口調、メールの文章など、当初の「ごく真っ当な常識人」だった小枝子が、まるで別人のように変貌していた。こちらが恐ろしくなるほどの悪態を吐き、罵倒する相手についてケラケラと嘲笑する。刃物を持ったナントカに逆らうのは危険だというが、正にそういう「抗うことに危険を感じる」ような暗い情熱が感じられた。

その後、小枝子から四人目についての話はぷっつりと出てこなくなった。その代わり、メールが山のように届き始める。

内容は他愛ないといえば他愛ない。世間話の延長上にあるような打ち明け話、相談めいたもの、愚痴。あの話に繋がるような話題はない。

ただ、量が病的に多い。

一晩に連続して十数通も着信している。

返事を返しきれずにいると、畳みかけるようにメールが続く。

『旦那から貰ったネックレスを旦那に見せたら、旦那が怒った。嫌がらせだ』

なぜ、旦那から貰ったネックレスで旦那が怒るのか、脈絡がなくて分からない。それは本当に旦那から貰ったものなのか。

『最近そっちはどう？　厭なことある？　見る？』

見る？　って。どういうことだろう。彼女は一体何を見ているんだろう。

『部屋が臭い。何かいい消臭剤はないか』

生臭いのか。獣臭いのか。それとも死臭がするのか。怖くて訊けなかった。いや、向こうが話したいと思って伝えてくることは何でも受け止めるつもりでいたが、こちらから立ち入って訊くことが何か憚られた。

『部屋にいる奴らがいろいろ言うのが気に食わない。死んでるくせに』

死んでるくせに――。この段に至って、明らかに彼女は〈室内に何かを見ている〉のだろうということが垣間見られた。

この様子、この豹変、この錯乱。

これは全て、一人目から三人目に至る犠牲者が経たのとよく似ている。

僕は、ここに至るまで「何かを託される」ことによって、連鎖が続くのではないかと思っていたし、小枝子の言う「四人目」が、リレーの最新走者なのだと考えていた。

が、彼女の豹変に触れるに連れて、リレーは一直線の連鎖ではないのではないか？

条件が揃わないものにも、何らかの影響が現れるのではないか？　と、そう考えるようになった。

『坊さんが玄関に来た。托鉢？　物乞いの乞食坊主だ。その坊主が〈あんたんとこ、大丈夫か〉なんて言う。絶対に金目当てだ。だから塩撒いて追っ払った。ざまーみろ、だ』

このとき、彼女は救われるかもしれないチャンスを、自ら断った。断ってしまった。

そのうち、彼女から奇妙なプレゼントが送りつけられてくるようになった。ティッシュに包まれた髪の毛、骨、歯。これについては、二〇〇五年一月発売の『「超」怖い話E』で少しだけ触れているが、あの謎のプレゼントの送り主は実は小枝子である。

だが、これについて問うても当人は「知らない」と否定する。実際、歯と一緒に包まれていた髪の毛は、長いストレートの黒髪だった。

小枝子は、茶髪でパーマ。小枝子のものではないことは確かだ。

これを受け取ってから、途端に体調が崩れ始める。「今、体調がよくないので」と返信すると、「具体的に？」と問い合わせがくる。

やはり、心当たりがあるのではないか？　と疑わしく思えてくる。小枝子は、もしかしたらこちらに何かを仕掛けているのではないか？　とも。

この頃、別の方から「本に書くのはあまり感心しない」という御忠告をいただく。

「作業中は水辺を避けること」など、『「弩」怖い話2』で告知した幾つかの注意を書きとめる気になったのは、僕自身が水辺で転倒して骨折したためである。この辺り、著者が話を大げさにしているのではというお叱りもいただいたが、決してそういうつもりがあった訳ではなく、僕に起きた事柄も含めての一個の怪談であったと御承知おきいただければ幸いである。

長く怪談を生業にしてきて、予告と因果と結果がここまで明確に結び付いた経験というのは、恐らくこれが最大最悪の事例だったのでは、と今更ながらに思い起こす。

そして出版後

『「弩」怖い話2』は難産の末、二〇〇五年二月末日に刊行されるに至る。

小枝子はその後、どうなったか。

三人目の犠牲者が亡くなった直後辺りから、小枝子当人の性格が豹変し始めていたことは既に触れた。元々、かなり潔癖で貞淑な女性だったはずの彼女は、異性関係が激しく荒れた。もちろん、彼女は人妻である。相手は旦那さんではない。

小枝子は次々に〈愛人〉を作った。新しい恋人についての自慢を、度々メールに書き送ってくるようにもなった。何ともコメントの難しい話題である。どうやら、そのことが直接の原因となって離婚の危機に陥ったようだ。

まあ、そのことはいい。性格の豹変があったとはいえ、個人の趣味と信条の問題に過ぎない。他人が立ち入るべき問題ではない。

それと同じ頃、彼女の親戚に犠牲者が出る。

一人目は事故死。

旦那さんの弟さんがその犠牲となった。

自分で運転する車での単独事故であったようだ。この方は免許はゴールド、安全運転を心がける模範的なドライバーで、とりたててスピード狂という訳でもない。

しかし、事故の原因はスピードの出しすぎ。

見通しのいい直線の道路で、彼は思い切りアクセルを踏み込んだ。そして、コンクリートの壁に真正面から衝突。車のフロントは殆ど真っ平らに潰れ、原形を留めていなかった。車の中に閉じこめられていた彼の身体も、愛車と同様原形を留めていなかった。

ブレーキを踏んだ形跡はなかった、という。

小枝子の親族の死は一人だけではない。

もう一人は自殺だった。

小枝子の従兄弟の娘に当たる十五歳の少女が、自ら死を選んでいる。

その日、学校に出掛けた——と見せかけた少女は、誰にも気付かれないように自宅に取って帰った。勤め先から帰ってきた親は、浴槽に満たされた真っ赤な湯の中にたゆたう娘の遺体を発見することとなる。

死因は、リストカットを原因とする失血死。

ただ、少女には死ぬ理由が何もなかった。いじめに遭っていたということはなく、成績・進学も思い悩むほど酷かった訳ではない。引きこもりだった訳でもなく、友達にも恵まれ、悩みを抱えている素振りも何もなかった。なぜ自ら死んだのか、理由が全く分からない。

小枝子は、この二つの葬儀にそれぞれ参列している。

既に亡くなっている三人に加えて、この一年ほどの間に近しい親戚が次々と死んでいる。にも拘わらず、小枝子の反応はこうだ。

『全く金が掛かって困る』

『こう次々に親戚に死なれるのは迷惑だ』

——あんた、ちょっとおかしいんじゃないか。

口を衝いて出そうになるのを堪えた。

何度も、何度も。

そして、段々と彼女との距離は離れていった。

失踪

それからしばらくして。

小枝子に連絡を取るべく久しぶりにメールを入れたが、届かない。メールアドレスが存在しないことを告げる、メールデーモンからの返信がリジェクトされてくる。

何度送っても同じ。以前、繰り返し使ったメールアドレスに相違はない。

仕方なく、電話を掛けてみる。

〈――お客様のお掛けになった番号は、現在使われておりません。番号をお確かめの上――〉

通じない。

自宅も携帯も同じ。

彼女を知る知人に探りを入れてみたところ、こんな答えが返ってきた。

「離婚するのしないのって話になってるのは知ってるでしょ」

「うん。そうらしい、っていうのは薄々」

「あれが原因なんだろうけど、ちょっと事件があったみたいでね」

「事件って」

「自殺だとか、刃傷沙汰《にんじょうざた》とかそういう」

当人に確認を取ることができない以上、これは噂の域を出ないものということで聞いていただきたい。小枝子は、離婚を巡るトラブルから、旦那さんとの間に諍いが絶えなくなった。その行き着く先に、事件があった。旦那さんに向けて包丁を振りかざし、また、彼女自身は首を吊ろうとした。

「そういうことらしいよ」

連絡が付かなかったのは、自宅を引き払ってしまったためらしい。当人は実家に戻ったようだが、旦那さんと同じ家ではもはや暮らせなくなっているのは容易に想像できた。仕事も辞めてしまったらしく、勤め先で捕まえることもできなくなった。

小枝子との糸は、ぷっつりと途絶えてしまった。これが、二〇〇五年の六月頃の話になる。最初に話を聞き始めてから、ちょうど一年余りとなる。

彼女がその後どうなったのか、もう分からない。分かりたくもない。これ以上、関わりたくもない。

だから今、心の底から安堵している。

安全圏

全ては決着した。

いや、決着してはいないのかもしれないが、僕はその流れからは逃げ切った。小枝子はあの流れの中に沈んでいってしまったのかもしれないが、少なくとも僕は逃げ切れた。

そう考えることで僕は安心を得た。二〇〇五年も七月に入り、ちょうど『「超」怖い話Z』の作業も追い込みに入りつつあったし、そうした日々の繁忙の中に、小枝子についての事柄も次第に埋もれつつあった。

「一連の出来事のその後」については、不思議ナックルズ編集部（ミリオン出版）からの依頼で二〇〇五年頃に書かれた。

当初、それは固辞するつもりでいた。別のお題に挑戦させていただくつもりだった。

しかし、小枝子の失踪により、情報供給者が完全に断たれた以上、これ以上の事態進展はないはずだ。つまり、僕は安全圏に脱したのだ。

そう判断し、〈「弩」怖い話の後日談〉として改めて本稿を書くことを承諾した。


そんな矢先。

『「超」怖い話Z』の校了直後くらいだろうか。

一通のメールが届いた。

『見たよ。ジャスコで』

差出人は小枝子。

誰を？　――僕を？

慌てて返信する。

ところが、返信が届かずエラー。

送り直しても送信エラー。

それが今のところ一応最後のメールとなっている。

ただ本当に最後のメールとなるのか。小枝子は、何処かでこちらを見ているのではないか。

そんな思いに駆られた。


これについて、知人と少し話題になったことがあった。

「二カ月くらい前からかな。たまに変なメールが来るんだ」

彼は言う。

「〈どうしてる?〉とか〈元気?〉とか〈今ひま?〉とかさ。内容はそんなもんなんだ」

何がおかしいのかと訊ねる。

「あのね。送信元の奴。そいつ死んでるんだよね。俺、葬式も行ったんだから。だから死んでるのは間違いない。でも、そいつの携帯からメールがぽつぽつ来る。どうしていいか分かんないし、困っちゃってさぁ」

と、こぼした途端、彼の携帯が鳴った。

——メール着信。

彼の顔色がみるみるうちに変わる。

「……これだよ。厭だろ？　タイミング良過ぎるよ」

そう言って携帯の画面を見せられた。

送信者の名前が小枝子の本名に似ている。名前は違うが苗字が同じだ。

「これ、どなたですか？」

「ああ、ほれ。キミも知ってるだろ。例の会社の営業の」

具体的な地名や社名はここでは伏す。

が、それは小枝子の旦那さんだった。

「こいつさ、病死とか事故死じゃないんだよな。まあ、大きな声で言えるような死に方じゃないってことで勘弁してよ。ここんちさあ、奥さんも出てっちゃって。奥さんもまともな死に方してないみたいで。そっち、何か詳しく聞いてない？」

僕は、〈いやあ、最近はさっぱり〉と頭を振った。

本当のところ、噂を越えたところでの小枝子の生死は今も分からない。

ただ、僕に分かるのは、生きていようが死んでいようが、小枝子自身が今や人に仇為す禍々しい存在になり果てているという事実だ。

それでも、彼女が生きているうちは、恐ろしい思いをすることはあっても、僕は無事でいられる、と思っている。

ただ、小枝子が既に死んでいるとしたら。

そのときには、僕に「順番」が回ってきそうな――そんな気がする。狂気を持って誰かを祟る役を仰せつかることだけは、勘弁していただきたい。

――どうか、この僕だけでも彼女から逃げ切れますように。

言うなよ

青い空、白い雲、澄んだ湖。

ひんやりと清々しい空気が、高原の朝を心地よいものにする……はずだった。

が、山本美鈴は悩んでいる。

清々しくないものが、ずっと彼女の視界にいるからだ。

それは、女だった。

ただし、血塗れの。


そもそも、このバンガローに泊まることになったのは、早々と推薦進学を決めた友人と、家業の跡継ぎを内定させて暇になった同級生の共同提案による。

大学受験に本腰を入れないとまずい夏に、泊まりがけでワイワイやるというのも随分余裕のある話だ。

二度とない高校三年の夏だから〈ウツクシイ思い出〉を作るため、湖の近くのキャンプ場でバンガローを借りて遊ぼうという提案に飛びついたのは、受験勉強から逃げ出す口実を求めていた、仲のいい数人の友人だった。

所属する部活が同じということもあって、やってきたのは特に気の合う仲間達だ。色恋沙汰を気にせずに、男子も女子もなくざっくばらんに付き合えるという意味では、非常に代え難い友人達だった。

全員がこのバンガローに着いたのは、昨日の夕方くらい。

二泊の予定で借りているので、今日を含めてあと二日はここにいることになる。

それは、初日の晩からいた。

昨晩、夜釣りから戻った大内が、それを連れて帰ってきたのだ。

「お帰り、釣果はどうだった？」

「いやあ、ボウズボウズ。でも、まだ初日だから。明日もあるしね」

竿を担いでバンガローに入ってきた大内の背後に誰かがいる。

――？

最初は、一緒に出掛けた別の友人なのかと思った。

が、二人が室内に入ってきたとき、そうではないことが分かった。

大内の背後にもう一人いる。

正確には、大内の腰に何かがぶら下がっている。

女だ。

それも、血塗れでボロボロになった女だ。

大内の臍の辺りに腕を回し、Tシャツの裾を掴んでその身体にしがみついている。

「あの……」

と言いかけたところで、女は顔を上げた。

くすんだ痣で青みがかった肌と、切れ味の悪い刃物でほじくり返されたようなずくずくの頬。ボロボロの下半身は潰されて足はあらぬ方向に折れ曲がっている。

その千切れかけた顎を上下に動かして、女はこう言った。

『……言うなよ』

大内はそのことを何も気にしていない。

というより、自分に何が起きているか気付いていないようだ。

「ん。どしたの？」

大内は竿を置いて美鈴に向き直った。

女は大内が身体を動かす度に、それに付いて引き摺られるように向きを変える。

『……言うなよ。言うな』

女は美鈴を睨んだ。

美鈴は席を立って、壁際に下がった。

「ううん、何でも。何でもないから」

「何だよ。気になるじゃん」

大内が美鈴に近付く。

大内の腰にしがみついた女は、それにつられて一緒に美鈴に近付く。

『言うなよ』

美鈴は更に一歩下がる。

美鈴は大内に気取られないよう一生懸命作り笑顔を浮かべるのだが、そのぎこちなさが返って大内の心配を呼んでしまうらしい。

「おいおい、大丈夫かよ」

「大丈夫だから。何でもないから……あたし、今日はもう寝るから」


そして、二日目。

基本的にはこのキャンプは全員が自由行動ということになっている。

夜、このバンガローに戻ってくるまでは、誰と何をして過ごしてもいい。

「んじゃー、大物釣ってくるから！」

そうにこやかに駆けだしていく大内の腰には、やはりあの女がぶら下がっている。

大内は気付いていない。他の友人も、誰一人として見えていないようだ。

美鈴は黙っていることにした。

最後の晩、焚き火を囲んで賑やかな晩餐となった。

誰もが楽しそうに笑い、この旅のクライマックスを満喫している。

大内はどちらかといえば、気配りの男だ。

キャンプ初日の晩からずっと塞ぎ込みがちな美鈴のことを心配している。

「おーい、美鈴よー。お前楽しんでるかぁ？　どっか具合悪いんじゃないのかぁ？」

そう言って、紙皿によく焼けた肉を載せてやってきた。

もちろん、腰にはボロボロの女をぶら下げたままだ。

この二日間、大内の腰にはあの女がずっと貼り付き続けている。

その間、女は何をするという訳でもない。

ただ、美鈴と目が合う度にこちらをギロリと睨んで『……言うなよ』と繰り返す。

「だっ、大丈夫だから。大内っちゃん、私は平気だから。楽しんでるから！　ねっ！　後生だから！」

美鈴は、無理矢理な笑顔を作って、遠回しに「来るな！」と懇願するが、大内にその意志が伝わっているのかどうかは甚だ怪しい。

「何だよ、変な奴だな、お前」

——変なのはお前のほうだよ！　と叫びたい衝動は、ボロボロの腰巾着女の睨みにかき消された。


帰宅後、美鈴は大内のことが気になって電話を掛けてみた。

〈おう、美鈴か。元気出たか？〉

大内はなお美鈴のことを心配してくる。いい奴だ。

「……あのさ、何ともない？」

〈うん？　別に何もないけど？〉

「あのさ、あたしの態度ずっと変だったよね？　実はさぁ、キャンプ場にいる間……あんたの腰に血だらけの女の人がしがみついてるのが見えたのよ」

〈えっ……まじ？　そいつ、『言うなよ』とか言ってなかった？〉

「そうそう。でもあんた見えてないみたいだしさ。できるだけ無視してたんだよね。黙っててごめんね。あ、でも今言っちゃったか……」

——言うなよ。言ったら……。

言ったら何をするって言ってたっけ。
〈言うなよ。言ったらお前も……〉
だったら、厭だなあ。

初出一覧

言うなよ　「弩」怖い話　螺旋怪談
Crew swing　「弩」怖い話　螺旋怪談
深く潜る　「弩」怖い話　螺旋怪談
あんた誰だ　「弩」怖い話　螺旋怪談
梁のある家　「弩」怖い話2　Home Sweet Home
三角アパート　不思議ナックルズ（ミリオン出版）
香津美の実家　「弩」怖い話2　Home Sweet Home
新婚の部屋　「弩」怖い話2　Home Sweet Home ＋不思議ナックルズ（ミリオン出版）
あの話の続き　不思議ナックルズ（ミリオン出版）
言うなよ　「弩」怖い話　螺旋怪談

※「新婚の部屋」は、初出時のエピソード欠落部分を、不思議ナックルズ誌上で後日発表した「赤いニットキャップ」によって補い、時系列順に再編し直したものです。

本書の実話怪談記事は、『「弩」怖い話 螺旋怪談』『「弩」怖い話2 Home Sweet Home』等に収録された怪談に、幾許かの改訂を行ったものを中心に構成されています。快く取材に応じていただいた方々、体験談を提供していただいた方々に感謝の意を述べるとともに、本書の作成に関わられた関係者各位の無事をお祈り申し上げます。

「弩」怖い話ベストセレクション　薄葬

2020年4月4日　初版第1刷発行

著者　加藤 一

カバー　橋元浩明（sowhat.Inc）
発行人　後藤明信
発行所　株式会社　竹書房
〒102-0072　東京都千代田区飯田橋 2-7-3
電話 03-3264-1576（代表）
電話 03-3234-6208（編集）
http://www.takeshobo.co.jp
印刷所　中央精版印刷株式会社

定価はカバーに表示しています。
落丁・乱丁本は当社までお問い合わせ下さい。

ISBN978-4-8019-2217-4 C0193